Michael Kibler
Bölle-Hölle

AF199161

Michael Kibler

Bölle-Hölle

Ein Lilien-Krimi

societäts\verlag

Michael Kibler wurde 1963 in Heilbronn geboren und ist Darmstädter aus Leidenschaft. Er studierte an der Goethe-Universität Frankfurt, im Hauptfach Germanistik mit den Nebenfächern Filmwissenschaft und Psychologie. Nach dem Magister 1991 promovierte er 1998. Schreiben ist Passion seit mehr als der Hälfte seines Lebens, weshalb er seit 1991 als Texter, Schriftsteller und PR-Profi arbeitet. Schwerpunkt des Schriftstellers sind Krimis.

© Jürgen Röhrscheid

Alle Rechte vorbehalten · Societäts-Verlag
© 2024 Frankfurter Societäts-Medien GmbH
Hedderichstraße 49 · 60594 Frankfurt am Main
vertrieb@societaets-verlag.de
Satz: Julia Desch, Societäts-Verlag
Umschlaggestaltung: Julia Desch, Societäts-Verlag
Umschlagsabbildung: © Stefan Holtzem
Druck und Verarbeitung: Bookwire
Printed in EU

ISBN 978-3-95542-215-8

Für die Kleine Rebellin

SONNTAG, 20. MÄRZ. ANSTOSS

Hannes Gerlinger zielte auf den kleinen Plastikball, der an einem dünnen Nylonfaden von der Latte des weißen Plastiktors baumelte. Mit seinem Urinstrahl brachte er ihn immer wieder dazu, nach hinten zu pendeln. Das Tor, kaum größer als eine Zigarettenschachtel, stand auf einem grünen Plastiksieb, das Zigarettenkippen und andere Festkörper davon abhalten sollte, den Abfluss des Urinals zu verstopfen. Gerlinger dachte: „10:0", als der Ball auspendelte. Er zog den Reißverschluss hoch. „Wie im August 1980 gegen Hemmersdorf in der ersten Runde des DFB-Pokals", sagte er leise zu sich selbst. Er hatte einen ruhigen Job in dieser Nacht, easy wie das Spiel damals. Den Bembler-Pokal sollte er bewachen. Ihm brachte das 150 Euro. Aber so richtig verstand er nicht, weshalb er das Ding eigentlich hüten sollte. Der Materialwert war mit 500 Euro schon im Bereich der Schmeichelei angesiedelt. Wer würde das Teil schon klauen? Aber ihm sollte es recht sein: 150 Kröten waren 150 Kröten.

Nachher sollte der Pokal im neuen Lilien-Museum seinen Ehrenplatz bekommen. Lilien war der Spitzname der Fußballer des SV Darmstadt 98 – und die spielten nach 33 Jahren wieder in der 1. Liga. Gestern war der 27. Spieltag gewesen. Und die Jungs hatten aus Wolfsburg ein weiteres Mal einen Punkt mit nach Hause gebracht. Und sie hatten in der ganzen Saison noch nicht einmal den Relegationsplatz touchiert!

Gerlinger hatte vor einer Woche heimlich einen ersten Blick ins neue Museum werfen dürfen. Es stand auf dem Gelände der Lilien am Böllenfalltor. Und war architektonisch ganz in den Stil der bestehenden Bauten integriert: Gerlinger konnte die Zuneigung der 98er zu Containern einfach nicht nachvollziehen. Der ganze VIP-Bereich war ein einziges Containerdorf, auch die Büros und der Fanshop waren in Containern untergebracht. Man unternahm viel, damit man im Inneren nicht merkte, dass man in diesen Räumlichkeiten auch bequem nach China verschifft werden konnte. Dennoch, ein Container blieb ein Container so wie ein Ball ein Ball. Und 150 Kröten blieben 150 Kröten.

Aber es zählten ja die inneren Werte. Hatte ihm das seine Frau nicht klarzumachen versucht, nachdem sie diese Esoterikkurse besucht hatte? Mit langen Haaren und zwanzig Kilo weniger hätte er sie trotzdem hübscher gefunden. Nun, was die Kilos betraf, war er eigentlich nicht in der Position zu meckern ...

Aus insgesamt sechs Containern bestand das neue Museum. Knapp 30 Quadratmeter hatte jede dieser Blechkisten, das wusste Gerlinger ganz genau. Schließlich arbeitete er am Hafen in Gernsheim, und das Maß eines Containers war für ihn das Maß aller Dinge. Abgesehen vielleicht vom Durchmesser eines Fußballs, also durchschnittlich 22 Zentimetern.

Der Bembler-Pokal sollte im letzten der sechs Container untergebracht werden. Optisch machte der Pokal schon etwas her: 52 Zentimeter war er hoch, genauso wie der derzeitige DFB-Pokal. Mit seinen sechs Kilogramm Gewicht war er sogar 300 Gramm schwerer als dieser. Von 2000 bis zum Jahr 2004 hatte die Apfelweinfirma Bembler den Pokal gestiftet. Südhessische Fußballvereine hatten um ihn gespielt. Nun, es war den Lilien vergönnt gewesen, den Pokal fünfmal zu gewinnen. Bembler-Champions, sozusagen. Nicht unbedingt eine hochrangige sportliche Auszeichnung – aber Gerlinger konnte nachvollziehen, dass es für die Mannschaft sicher ein richtig gutes Gefühl gewesen war, solch einen Pokal in den Händen zu halten.

Eigentlich hatten Herr Rosen – eher ein unpassender Name für den Präsidenten der anderen Blumengewächse *Lilien* – und der Juniorchef von Bembler den Pokal schon am Vorabend im Museum abstellen wollen. Die vergangenen Jahre hatte der Kelch in irgendeinem Safe der Firma Bembler ein wohl doch eher dunkles Dasein geführt. Als Rosen die Eingangstür zum Museum hatte aufschließen wollen, war der Schlüssel abgebrochen. Und Bembler junior musste wieder zurück nach Frankfurt. Also sollte der Pokal eben erst am heutigen Morgen um neun Uhr an seinen Platz gestellt werden – wenn ein Schlüsseldienst zur Stelle war.

Rosen hatte die Idee gehabt, ihn, Gerlinger, zur Bewachung abzustellen. Im Museum gab es eine Alarmanlage, in der Lilienschänke aber nicht. Doch Gerlinger wollte sich nicht beklagen. Die 150 nahm er gerne mit. Und Roger – der Inhaber der Lilienschänke – hatte auch den Zapfhahn offengelassen, versehentlich oder absichtlich, das wusste Gerlinger nicht, das interessierte ihn auch nicht, und darüber hatte er auch keine Lust zu diskutieren. Die 10:0 waren ihm in dieser Nacht mehrfach gelungen, und jetzt, um sechs Uhr, war eigentlich die Zeit, einen Frühschoppen zu sich zu nehmen. Er glaubte ja nicht daran, dass jemand den Pokal klauen würde. Was sollte der auch damit anfangen? War wohl kaum zu verticken, das Teil. Darauf gleich noch ein Bier.

Er zog ein Papierhandtuch aus dem Spender, trocknete sich die Hände. Dann ging er wieder in den Schankraum.

Aus den Boxen dröhnte „Die Sonne scheint", gleich würde er sein Glas wieder mit Freibier füllen. Solch eine Nacht kam Gerlingers Vorstellung vom Paradies schon ziemlich nahe.

Später konnte er nicht mehr sagen, was er zuerst wahrgenommen hatte: das Geräusch neben der Tür hinter ihm oder den Schatten. Dann spürte er nur noch den Schlag gegen den Hals.

Sein letzter Gedanke, bevor er ohnmächtig zu Boden sank, war: Hemmersdorf hat doch getroffen …

„Weg."

„Wie weg?"

„Weg-weg!" Reinhold Rosen warf die Arme in einer hilflosen Geste in die Höhe.

„Beruhig dich, Reinhold, beruhig dich." Ferdinand Wantrupp legte die Hand auf die Schulter seines alten Freundes. „Ich geb dir meine besten Leute."

Helmut Stallitzer starrte die beiden älteren Herren an. Sie saßen über Eck an einem der hinteren Tische in der Lilienschänke. Ferdinand Wantrupp, sein Chef, war wie immer tadellos gekleidet in einem seiner Anzüge aus australischer Wolle. Er lächelte ihm zu. In der linken Hand hielt er eine Zigarre. Eine *Cohiba Behike*, wie Stallitzer wusste. Als überzeugter Nichtraucher hatte er dem Geruch noch nie etwas abgewinnen können.

Am Tisch daneben saß, einsam und betrunken, Gerlinger. Der hatte zunächst den Präsidenten des Darmstädter Fußballvereins Reinhold Rosen angerufen, als er aus der Bewusstlosigkeit erwacht war. Das war so gegen 7 Uhr morgens passiert. Jemand hatte den Bembler-Pokal geklaut, das hatte Helmut Stallitzer inzwischen mitbekommen. Denn kaum hatte Rosen Wantrupp angerufen, war dieser sofort in die Lilienschänke geeilt. Völlig ungeachtet der Tatsache, dass es sich um die 7. Stunde eines geheiligten Sonntags handelte. Noch auf dem Weg dorthin hatte Wantrupp Stallitzer angerufen und ihm gesagt, dass er ebenfalls sofort nach Darmstadt kommen sollte. Für den der Sonntag gemeinhin auch nicht zu den Werktagen zählte.

Stallitzer sah sich um. Das Restaurant wirkte keineswegs wie eine billige Sport-Kaschemme. Das Emblem des SV Darmstadt 98 schwebte an der Decke zentriert. Und in die cremeweißen Rückenlehnen der ledergespannten Bänke waren blaue Lilien gestickt.

Eine Seite zierte ein Wandgemälde mit Spielszenen vor einer mit viel Lokalkolorit gemalten Darmstadt-Kulisse. Alles im allem: nettes Ambiente, auch wenn man sich, so wie Stallitzer, überhaupt nicht für Fußball interessierte.

Ferdinand Wantrupp klopfte Rosen immer wieder auf die Schulter – in der Häufung eine wirklich groteske Geste. „Ich geb dir meine besten Leute – und dann ist der Pokal ratzfatz wieder da, ohne dass Bembler auch nur ahnen wird, dass er überhaupt fort war."

Rosen nickte.

Stallitzer fragte: „Was ist denn eigentlich passiert?"

Reinhold Rosen antwortete: „Der Pokal, der geklaut worden ist, stammt von unserem Hauptsponsor, der Firma Bembler. In zehn Tagen ist die Eröffnung des Museums – mit Riesen-Brimborium und natürlich auch Bembler persönlich. Dann muss der Pokal an dem für ihn vorgesehenen Ort im Museum stehen. Wenn nicht, haben wir ein Problem. Wenn der Pokal nicht rechtzeitig an Ort und Stelle steht, vergrätzen wir unseren Hauptsponsor so richtig. Und so wie ich den kenne, verspielen wir damit letztlich unsere Existenzgrundlage. Bembler versteht keinen Spaß. Und wenn es um seinen Pokal geht, schon gar nicht."

„Ich sagte doch, ich setz meine besten Leute darauf an." Er sah seinen Nachbarn an. „Das bin ich dir ja wohl schuldig, Reinhold."

Stallitzer setzte sich gegenüber hin, sah seinen Chef an: „Okay, Herr Wantrupp, was soll ich tun? Und vor allem: mit wem soll ich's tun? Allein wird es mir kaum möglich sein, diesen Pokal innerhalb von ein paar Tagen wieder aufzutreiben."

Langsam stieg eine Befürchtung in Helmut Stallitzer auf. Ferdinand Wantrupp war nur noch der Seniorchef des Unternehmens. Die Zügel des Unternehmens, ganz besonders jene der der Kanzlei angegliederten Detektei, hielt Ferdinand Wantrupps Sohn Michael in den Händen.

Und so große Stücke Stallitzer auf den Seniorchef hielt, umso kleiner waren jene, die er Michael Wantrupp zubilligte. Quasi Kirchenziegel gegenüber Legosteinen.

Ferdinand Wantrupp war Rechtsanwalt. Wie sein Vater. Und wie sein Großvater. Und wie sein Urgroßvater, Sigismund Wantrupp. Der hatte die Kanzlei seinerzeit gegründet, drei Monate nach der Gründung des Deutschen Fußballbundes – im April 1900. In der weisen Voraussicht, dass ein nationaler Verband auch interne Konflikte heraufbeschwören würde, spezialisierte sich die Kanzlei sogleich auf Vereinsrecht – mit Inkrafttreten des Bürgerlichen Gesetzbuches zu Beginn des Jahres 1900 ein einträgliches Geschäft.

Sehr schnell hatte sich gezeigt, dass die Kanzlei gut beraten war, wenn sie eigene Detektive anstellte. Und da kam Sigismunds Bruder Richard Wantrupp ins Spiel. Anfangs erledigte er für den drei Jahre älteren und juristisch gebildeteren Bruder Handlangerarbeiten – bis sich herausstellte, dass er ein schlaues Köpfchen war – und in der Unterwelt gut vernetzt. Zwei Jahre später wurde der Name der Kanzlei Wantrupp um ein weiteres Wantrupp bereichert: Richard Wantrupp hatte die detektivische Abteilung gegründet und leitete sie nun. Denn oftmals waren die Fälle heikel. So heikel, dass niemand Interesse daran hatte, die Polizei einzuschalten. Die hausinterne Detektei, die diskrete Aufgaben und Nachforschungen ohne Aufsehen, aber mit großer Kompetenz erledigte, wuchs parallel zur Kanzlei.

Diese selbst machte sich innerhalb weniger Jahre auch international einen Namen. Ob Streitigkeiten innerhalb des Deutschen Fußballbundes oder später sogar innerhalb der FIFA – Wantrupp & Wantrupp waren die grauen Eminenzen der Schlichtung. In der Öffentlichkeit nicht wahrgenommen, aber im Hintergrund stets präsent. Sogar bei internationalen Sportereignissen konnte man bei Fernsehübertragungen in der VIP-Lounge immer einen Wantrupp sehen, so eine Art diskrete Forrest Gumps.

Wantrupp & Wantrupp begründete seinen Ruf insbesondere auf Diskretion. Und so expandierte das Unternehmen bereits kurz vor dem Zweiten Weltkrieg in die USA. Dort gab es heute noch die zweitgrößte Filiale. Ferdinand Wantrupps Vater, Ludwig Wantrupp, kehrte unmittelbar nach dem Ende des Krieges zurück nach Deutschland. Doch er wollte nicht zurück nach Berlin. Somit ließ er sich in Frankfurt nieder.

In vielen spektakulären Fällen hatten Wantrupp & Wantrupp im Hintergrund die Fäden gezogen, Fälle, die bis heute als ungelöst galten. Etwa die Geschichte vom gestohlenen *Coupe Jules Rimet*, dem Weltmeisterpokal, der kurz vor der WM 1966 gestohlen worden war. Eine Woche später war er wieder aufgetaucht. Im Londoner Süden fand ihn ein Hund namens Pickles im Gebüsch. Alle Nachrichtensendungen des Abends vom 27. März 1966 zeigten, in dieser Reihenfolge, zuerst den Pokal, dann den Hund, dann seinen Besitzer. Und der junge Ferdinand Wantrupp, der gerade in der Firma seines Vaters angefangen hatte, konnte überhaupt nicht verstehen, warum dieser jedes Mal, wenn er den Hund sah, in Tränen ausbrach. Vor Lachen.

Ferdinand Wantrupp erzählte diese Geschichte über seinen Vater immer wieder gern, besonders, nachdem er eine Flasche seines Lieblingsweins gepichelt hatte. Auf die Frage, warum denn sein alter Herr so gelacht habe, hatte Ferdinand Wantrupp nie geantwortet, sondern nur geheimnisvoll angedeutet: „Mein Vater hatte einfach eine sehr seltsame Art von Humor."

Stallitzer war bereits sehr früh in die Kanzlei Wantrupp & Wantrupp eingetreten. Er hatte nach Abschluss der Realschule eine Ausbildung zum Rechtsanwaltsgehilfen abgeschlossen, wie die damalige Berufsbezeichnung lautete. Eine der Qualitäten, die Helmut Stallitzer auch heute noch sehr an Ferdinand Wantrupp schätzte, war dessen phänomenales Personengedächtnis. So kannte er auch innerhalb der Kanzlei alle Mitarbeiter mindestens mit Namen. Und er beobachtete die Entwicklung seiner Mitarbeiter stets genau. Deshalb hatte er auch schnell erkannt, dass Helmut Stallitzer ein kluges Köpfchen war. Jemand, der Zusammenhänge schnell begriff, der den Dingen immer auf den Grund gehen wollte und dabei jedes noch so kleine Detail wahrnahm und vor allem auch in größere Zusammenhänge einzuordnen wusste. Lange Rede, kurzer Sinn: Ferdinand Wantrupp versetzte Helmut Stallitzer in die detektivische Abteilung der Kanzlei, forderte und förderte ihn.

Stallitzer hatte seinen Mentor immer sehr geschätzt. Nur die Einschätzung der Qualitäten von Ferdinand Wantrupps einzigem Sohn Michael teilte er nicht. Zu exakt und verklärt sah er die Fähigkeiten des eigenen Sohns. Er trug zur rosaroten Brille auch noch rosarote Kontaktlinsen, ohne es zu merken.

Michael Wantrupp hatte das erste juristische Staatsexamen geschafft und der Papa gab sich damit zufrieden. Ferdinand Wantrupp musste gespürt haben, dass der Filius das zweite Examen niemals geschafft hätte. Doch der hielt sich selbst für einen

Überflieger, der eine weitere Qualifikation überhaupt nicht benötigte. Helmut Stallitzer war inzwischen 55 Jahre alt. Sein Arbeitsvertrag sicherte ihm zu, mit 63 in Rente gehen zu können, in einen gut bezahlten Ruhestand, der durch diverse Boni und betriebliche Zusatzversicherungen bis an sein Lebensende keine finanziellen Nöte würde aufkommen lassen. Und er hoffte inständig, dass Ferdinand Wantrupp im Hintergrund die Fäden so lange in der Hand halten würde. Denn Stallitzer war sich sicher: Würde Michael Wantrupp eines Tages ganz allein die Entscheidungen treffen, dürfte es ihm gelingen, die Kanzlei binnen drei Jahren komplett an die Wand zu fahren.

„Mein Sohn Michael wird sich persönlich darum kümmern, dass der Pokal rechtzeitig wieder da ist. Und er wird unterstützt von meinen besten Männern: Helmut Stallitzer hast du ja schon kennengelernt, es gibt keinen, der eine bessere Spürnase hat. Und Michael wird Helmut Stallitzer jemanden an die Seite stellen, sodass sie den Pokal in einer Woche locker wiederfinden können. Reinhold, all meine Ressourcen sind auch deine Ressourcen."

Helmut Stallitzer legte automatisch die rechte Hand an die Stirn. Wenn Michael Wantrupp ihm einen Kollegen an die Seite stellte, so würde dies ganz gewiss nicht Rainer Friedrich sein, mit dem er schon viele, viele Fälle schnell und unbürokratisch gelöst hatte. Seine Wahl würde ganz bestimmt auch nicht auf Leona Samari fallen, das hellste Köpfchen in der gesamten detektivischen Abteilung. Es bedeutete viel eher, dass er wahrscheinlich irgendwelche Lieblinge von Wantrupp junior ins Team gesetzt bekäme. Wahrscheinlich irgendwelche Nullen vom Schrottwichteln in der Praktikantenabteilung. Und bei Wantrupps glücklichem Händchen für den Nachwuchs hatte Helmut Stallitzer Glück, wenn es nur ein Idiot war und kein Vollidiot.

In diesem Moment öffnete sich die Tür zur Lilienschänke. Herein trat Michael Wantrupp. *„Aleae iactae sunt"*, begrüßte er Stallitzer und klopfte ihm kollegial auf die Schulter. Stallitzer mochte derartige Vertraulichkeiten nicht. Doch es ersparte ihm den Händedruck. Wieder so ein Moment, in dem er nachrechnete, wie lange er wohl noch in der Firma arbeiten würde. Als Ferdinand Wantrupp die Zügel allein in der Hand gehalten hatte, war ihm dieser Gedanke nicht ein einziges Mal gekommen.

„Die Würfel sind gefallen", übersetzte Wantrupp junior für die vermeintlich des Lateinischen Unkundigen. Wobei seine Sprachkenntnisse mit dem Etikett „Asterix-Latein" wohl am treffendsten beschrieben waren. *Barba non facit philosophum – ein Bart macht noch keinen Philosophen* – dachte Stallitzer, und war sich sicher, dass Wantrupp junior den Autor dieses Ausspruchs *Aulus Gellius* für einen italienischen Wein gehalten hätte.

Eigentlich leitete Helmut Stallitzer im Moment die Nachforschungen im Fußball-WM-Skandal 2006. Ein großer Fall, ein sehr großer Fall. Seit einem halben Jahr reiste er quer durch die Weltgeschichte, spürte Zeugen auf, vernahm sie – und hatte schon einige Ermittlungserfolge erzielt. Und jetzt sollte er diesem unbedeutenden Pott hinterherhecheln …

Reinhold Rosen setzte sich nun neben Hannes Gerlinger, Ferdinand Wantrupp ebenfalls. „So, jetzt erzählen Sie erstmal meinem Kollegen" – er blickte zu Helmut Stallitzer – „was hier genau passiert ist."

„Nein, das wird er jetzt noch nicht erzählen. Ich warte noch auf meine Jungs."

In diesem Moment flog die Tür auf und Helmut Stallitzers schlimmsten Befürchtungen traten ein. Sie hatten einen Namen: Paul Wagner.

„Hallo, Stalli, altes Haus!", begrüßte ihn der Kollege. Es gab nur wenige Momente, in denen sich Stallitzer nach Wantrupps Minimal-Latein sehnte … „Wir beide geben den Fritz und Ottmar, holen uns den Ball zurück und spielen ihn wieder ins Tor!"

Paul Wagner zählte zwar 20 Jahre weniger als Stallitzer, machte diesen mathematischen Nachteil jedoch durch die Anzahl an Kilos Lebendgewicht wieder wett. Es gab kaum eine Situation, für die er nicht irgendeinen Vergleich aus der Fußballgeschichte parat gehabt hätte – insbesondere jener seines Lieblingsvereins SV Darmstadt 98, der Lilien. Und wenn jemand wusste, wann irgendjemand in diesem Verein einen Pups gelassen hatte, sei es in Form eines Stadions oder unter der Dusche, dann war das Paul Wagner.

Stallitzer hätte nie zugegeben, dass er, bei aller Abneigung dem Spiel gegenüber, wusste, dass Kollege Wagner gerade auf Fritz und Ottmar Walter angespielt hatte, die Brüder, die 1954 in der deutschen Nationalmannschaft dem Land zum Titel verholfen hatten – auch wenn sie im Endspiel selbst keine Tore erzielten. Vielleicht war Wagner ja aufgrund seines Fußballwahns bei Wantrupp & Wantrupp als Detektiv eingestellt worden.

„So, jetzt sind wir ja vollzählig", sagte Michael Wantrupp. „Ich brauche jetzt erst einmal die Fakten."

Wagner hatte einen Koffer und eine Tasche umgehängt. Er stellte den Koffer ab und entnahm der Tasche einen Laptop, den er sogleich aufklappte. Stallitzer kannte sich mit diesen Teilen nicht wirklich gut aus. Aber das gebürstete Alu von Wagners aktuellem Gerät ließ darauf schließen, dass es sich wohl um eines der besseren handelte. Wagner war, das musste selbst Stallitzer zugeben, eine Koryphäe in der Welt der Bits und Bytes – es gab kein Computersystem, das er nicht knacken oder ausspähen konnte – für Stallitzer ein Buch mit sieben Siegeln. Ihn selbst qualifizierten nur seine grauen Zellen für den Job. Okay, vielleicht auch, dass er einen Marathon in gut drei Stunden lief. Auch mit seinen 55 Jahren noch. Vielleicht auch die regelmäßigen Schießtrainings. Und der braune Gürtel im Jiu-Jitsu.

Ferdinand Wantrupp stellte alle anwesenden Personen kurz einander vor, dann erwiderte er: „Mein Freund Reinhold Rosen, er ist der Präsident der Lilien, kann das Problem kurz darstellen. Er hat mich gleich nach dem Diebstahl angerufen und uns beauftragt. Und dieser Bembler-Pokal, er muss in zehn Tagen hier im Lilien-Museum stehen, sonst gibt's eine Riesenkatastrophe. Ach ja – Bembler darf natürlich keinen Wind davon bekommen, dass sein Pokal gerade auf unfreiwilligen Reisen ist. Deshalb auch keine Polizei."

Wagner tippte schon fleißig mit, dann sagte er: „Also, Herr Gerlinger, erzählen Sie doch bitte nochmal, was heute Nacht passiert ist."

Gerlinger berichtete darüber, dass er den Pokal bewachen sollte, in der Lilienschänke, dass er den Job gut gemacht habe, bis ihn jemand irgendwann gegen sechs Uhr früh niedergeschlagen habe. Als er wieder aufgewacht war, war der Pokal weg – und er hatte Kopfschmerzen.

Wagner hatte bereits Stichworte mitgetippt, dann sagte er: „Also den Sturm und das Mittelfeld vom Platz geholt, die Verteidigung gefoult und ihn dann reingemacht, was?"

Stallitzer rollte die Augen. *Ihn rausgeholt*, verbesserte er in Gedanken Wagners grottenschlechte Metapher.

„Wo und wie ist der Einbrecher hier in die Kneipe gekommen?", wollte Wagner wissen.

Gerlinger zuckte mit den Schultern. „Keine Ahnung. Er stand hinter mir, und hat mir mit einem Baseballschläger eine übergezogen. Hier", sagte Gerlinger und deutete auf seine rechte Nackenbeuge, „da hat er hingeschlagen. Und ich bin zu Boden gegangen."

Wagner nickte.

„Danke, Herr Gerlinger", sagte Wantrupp junior freundlich.

Dann wandte er sich an seine Mitarbeiter: „Sie beide werden den Pokal wieder herbeischaffen. Rechtzeitig vor der Eröffnung des Museums. Haben Sie mich verstanden?"

„Besser als Rudolf Kreitlein", nickte Wagner.

„Als wer?", sprach Wantrupp aus, was Stallitzer dachte.

„Besser als den deutschen Schiedsrichter bei der WM 1966 in England. Da hatten sie noch keine gelben und roten Karten. Und die Argentinier und die Engländer haben seine Anweisungen nicht verstanden. Oder verstehen wollen. Antonio Rattín jedenfalls blieb noch 9 Minuten nach dem mündlichen Platzverweis auf dem Platz und –"

„Danke. Den Pokal. Zurück. Ok?"

„Yes, Sir!"

„Wenn der Becher rechtzeitig zur Eröffnung wieder da ist, bekommen Sie jeder 5.000 Bonus."

Stallitzer und Wagner nickten.

„So, ich will hier jetzt niemanden mehr sehen außer Gerlinger. Vielleicht kann ich ja tatsächlich noch ein paar Spuren sichern, die uns zum Täter führen. Also: Abmarsch, alle. Und bitte, fast mir keine Türklinken mehr an." Wagner war jetzt ganz in seinem Element. Und das war meist mehr als anstrengend.

„Vielleicht kann mir ja mal jemand das Museum zeigen und den Ort, an dem der Pokal stehen soll", warf Stallitzer nun in den Raum. Wenn Wagner sich mit den technischen Aspekten herumschlagen wollte, sollte er das tun. Er selbst musste erst einmal ein

Gefühl für die ganze Situation bekommen. Und da war ein Gang durchs Museum sicher nicht die schlechteste Option. Der Tross ohne Gerlinger wandte sich in Richtung Ausgang.

Als Stallitzer an Wagner vorbei den Raum verließ, raunte der: „See you later, Stalli-Gator."

Eine weitere unangenehme Eigenschaft Wagners war in Stallitzers Erinnerung bis eben verschüttet geblieben: Fiel dem Kollegen gerade mal kein Fußballzitat ein, vergewaltigte er gnadenlos Rock'n'Roll-Titel. Leider nahmen Wagners Fußball- und Musikdatenbank in seinem Gehirn so viel Raum ein, dass für Feingeist und Etikette einfach kein Platz mehr blieb.

Als Stallitzer neben Michael Wantrupp die Lilienschänke verließ, zischte er: „Musste es ausgerechnet Wagner sein?"

„Ja. Ich brauche – wir brauchen ihn an Bord. Wagner hat nun mal die digitale Spürnase. Und die ist wahrscheinlich das beste Mittel, den Pokal wieder aufzutreiben. Ich weiß, er ist nicht immer einfach. *Perfer et obdura!*"

Halte durch und sei hart, welch frommer Wunsch. Und Stallitzer war sicher, dass Wantrupp, der alte Schleimer, zu Wagner zuvor Ähnliches über ihn gesagt hatte. Stallitzer seufzte.

Dilettanten, dachte Paul Wagner. Fassten alles an, spazierten durch den Raum, als gäbe es keine Spuren. Wagner hatte, als er ungefähr 15 Jahre alt war, tatsächlich mal darüber nachgedacht, ob er nicht vielleicht eine Laufbahn bei der Polizei einschlagen sollte. Lag vielleicht daran, dass damals gerade die Serie „Alarm für Cobra 11" angelaufen war, und Wagner Polizeiarbeit mit Porschefahren gleichsetzte. Als sein Papa dann jedoch das Rennspiel „Need for speed" auf seinem Rechner installiert hatte, merkte Wagner schnell, dass ihm diese Art von Rennerlebnis vollauf genügte. Aber er liebte den Dodge Viper RT/10, mit dem er sogar die geheime Strecke „Lost Vegas" befahren hatte...

Damals hatte er noch Fußball gespielt, in der Jugendabteilung bei den Lilien. Und dann war der Tag gekommen, den er auch heute noch als den schwärzesten seines Lebens betrachtete: 16. März 1996. Er war gerade 16 geworden. Bei einem Spiel gegen eine andere Jugendmannschaft aus dem Odenwald hatte der Abwehrspieler die Notbremse gezogen, als Wagner mit dem Ball auf das gegnerische Tor zugerannt war. Der Boden war ein Acker, aber an diesem Tag war Paul alles gelungen. Drei Tore hatte er geschossen, seine Mannschaft führte 4:0. Und in wenigen Sekunden würde es das 5:0 geben. Aber der Kerl, dessen Gesicht immer wieder in Pauls Träumen erschien, war auf dem Matsch mit gestrecktem Bein in seine Richtung geschlittert. 80 Kilo Lebendgewicht waren wie eine Abrissbirne mit den Stollen seines Schuhs gegen die Innenseite seines linken Knies geklatscht. Wagner selbst war gefallen und hatte im Gegensatz zu seinem Unterschenkel den ganzen Körper darüber noch gedreht...

Kein Tor. Rote Karte für diesen Idioten. Und Pauls linkes Knie ein einziges Trümmerfeld. *Unglückliche Triade* nannten die Chirurgen das Gemetzel hinter der Kniescheibe: Vorderes Kreuzband durch, Innenmeniskus kaputt, was die beiden mit dem medialen Kollateralband gemeinsam hatten.

Zunächst hatte er irrsinnige Schmerzen und lag mehrere Wochen im Krankenhaus. Dann erst konnten sie das Knie operieren, nachdem die Schwellung von der Größe einer Grapefruit zurückgegangen war. Anschließend war er noch drei Monate zu Hause geblieben. Mit Krücken und Schienen am Bein konnte er zwar laufen, aber bei der geringsten Belastung des Knies hatte er den Eindruck, irgendjemand würde mit einem Zahnarztbohrer die Nerven im Inneren seines Beins traktieren.

Das Beste an der ganzen Geschichte war die Physiotherapeutin gewesen: Gaby. Sie war zehn Jahre älter als er. Und sie wurde seine Lehrerin, nicht nur was das Laufen anging. Vielmehr unterrichtete sie ihn in diversen Beckenbewegungen. Und Paul übte und trainierte wie verrückt. Nicht nur die Beckenbewegungen. Sondern auch die Bewegungen seines Beines. Anfangs musste er immer unter Gaby liegen, wenn Beckenübungen anstanden, weil er das Bein nicht belasten durfte. Sein Vater wunderte sich über die Verbissenheit, mit der Paul die Bewegungsfähigkeit seines Beines wiederherstellen wollte. Vielleicht ahnte er etwas über die wahre Motivation seines Sohnes. Wenn dem so war, ließ er es sich nicht anmerken.

Er schenkte Paul den ersten Computer. Paul installierte das Rennspiel, ansonsten interessierte er sich zunächst wenig für Bits und Bytes. Nur für Gaby. Die Reha wurde verlängert. Anfangs freute sich Paul darüber. Reha hieß: Gaby.

Dann kam der schwarze Donnerstag. Er fuhr mit dem Taxi ins Krankenhaus. Wieder einmal wollten die Ärzte in sein Innerstes schauen: Knie, Bändern und Gelenken mit MRT auf den Zahn fühlen, schauen, ob die OP den gewünschten Erfolg gebracht hatte. Das Ergebnis war niederschmetternd. Der Arzt war sehr direkt gewesen: „Wenn Sie in zwei Jahren ohne Krücken laufen können, haben Sie Glück. Sie werden immer hinken. Und was den Sport angeht – vielleicht können Sie irgendwann einmal schwimmen."

Es gab Menschen, die hatten auch bei verletztem Knorpel nur wenig Beschwerden. Zu dieser Gruppe zählte er leider nicht. Seit dem Tag seines Unfalls hatte es keinen einzigen Tag in seinem Leben gegeben, an dem sein Knie nicht wehgetan hätte. Mal mehr, mal weniger. Wobei er an einem der üblen

Mal-mehr-Tagen vor zwei Jahren das erste Mal daran gedacht hatte, sich für solche Tage einen Elektrorolli zu kaufen.

Paul hatte nicht geweint. Nicht nach dem Arztbesuch. Er war im Taxi wieder nach Hause gefahren. Und hatte Gaby gesehen. Die mit einem Typen auf der Straße rumgeknutscht hatte. In den zwei Sekunden, die das Taxi gebraucht hatte, um an den beiden vorbeizufahren, hatten sich die Details in sein Hirn gebrannt. Seine Zunge in ihrem Hals, als ob er eine Magenspiegelung plante. Seine Pranken, die ihren Po fest an sich drückten. In Sekunde drei und vier lief dann ein Film im Zeitraffer in seinem Kopf ab, der sich in den kommenden Tagen immer und immer wiederholte.

Das war der Moment, in dem er vier Wochen lang jede Physiotherapie verweigerte. Und angefangen hatte, seinen Rechner zu seinem besten Freund zu erklären. Was sich bis heute nicht wesentlich geändert hatte.

„Also?"

Gerlingers Stimme holte ihn wieder in die Realität zurück. Der saß immer noch auf seiner Bank. Starrte ihn an. Wartete auf eine Antwort.

Es war an der Zeit, seinen Job zu machen. „Ok, Herr Gerlinger. Erzählen Sie mir doch bitte nochmal, wie dieser Abend aus ihrer Sicht verlaufen ist."

Gerlinger berichtete. Wie die letzten Mitarbeiter die Schänke um Mitternacht verlassen hatten. Wie er sich erst mal ein Bier gezapft hatte. Dann noch eins. Wie er die Musik angemacht hatte.

„Ist Ihnen da schon irgendwas Komisches aufgefallen?"

Gerlinger schüttelte den Kopf. „Überhaupt nichts. Gar nichts ist mir aufgefallen. Es ist auch nichts passiert. Ich hab hier gesessen, dann den Fernseher angemacht, ihn dann wieder ausgemacht, wieder ein bisschen Musik gehört, und halt das eine oder andere Bier getrunken."

„Und dann sind Sie auf die Toilette gegangen und wieder zurückgekommen?"

„Ja, genau. Ich war ja mehrmals auf dem Klo. Und dann eben nochmal kurz vor sechs – ich hab da zufällig auf die Uhr geguckt. Und dann bin ich wieder zurück, steuere auf die Theke zu, und kaum bin ich auf dem Weg zurück in den Gastraum, da seh ich noch eine Bewegung, und dann seh ich nichts mehr."

Wagner zeigte quer durch den Raum. „Die Tür war geschlossen, als Sie von der Toilette zurückkamen?", fragte er.

Die Tür in Richtung Vorraum, der zu den Toiletten führte, ging in Richtung Schankraum auf. „Ja. Ich hab sie natürlich aufgemacht, als ich hier wieder rein bin."

Der Dieb hatte wahrscheinlich an der Wand gestanden und wurde verdeckt, als Gerlinger die Tür öffnete.

„Haben Sie sehen können, womit Sie der Angreifer niedergeschlagen hat?"

„Nein. Ich hab nur einen Schatten gesehen. War aber irgendwas Großes. Vielleicht ein Baseballschläger?"

„Haben Sie eine Ahnung, wie der Dieb hier reingekommen ist?"

„Durch die Tür, nehme ich an. Die war ja nicht abgeschlossen. Ich meine, die haben mich ja nicht eingeschlossen."

Super. Wenn der Dieb durch diese Tür die Kneipe auch wieder verlassen hatte, dann hatten nach ihm die gesamte Horde ebenfalls Fingerabdrücke auf der Klinke hinterlassen: Reinhold Rosen, Wantrupp senior, Wantrupp junior, Stallitzer und er selbst. Er spürte Ärger in sich aufsteigen. Dabei ertappte er sich, dass er den folgenden Worten von Gerlinger fast nicht mehr zugehört hätte.

„… mich selbst eingeschlossen. Also, ich wollte nicht, dass da jemand reinkommt in die Kneipe, wenn er hier das Licht sieht, die Musik hört. Da wollt ich schon auf Nummer sicher gehen."

„Aber Sie haben doch gerade gesagt, der Dieb wäre durch die Tür reingekommen."

„Ja klar, aber durch die hintere. Die hatte ich nicht abgeschlossen. Hab ich nicht dran gedacht. War vielleicht ein bisschen blöd von mir."

Wagner lächelte. Vielleicht hatte er doch Glück. Mit Gerlinger im Schlepptau und dem schweren Koffer über die Schulter gehängt, ging er zur hinteren Tür. Er stellte seinen Koffer auf dem Boden ab, öffnete ihn, entnahm ihm ein paar Plastikhandschuhe. Dann drückte er die Klinke der hinteren Tür herunter, und zog sie nach innen auf. Das Lächeln wurde breiter. Eine Klinke aus glattem Kunststoff. Hier würde er ganz bestimmt Fingerabdrücke finden.

Zwar war sein Koffer nicht ganz so gut bestückt, wie die in den Wagen der Spurensicherung bei der Kriminalpolizei. Aber die Basisausrüstung hatte auch er dabei. Pinsel, Pulver, Kamera – einen Fingerabdruck konnte er so gut sichtbar machen.

Er pinselte die Klinke mit Kohlestaub ein und hatte Glück: Auf der Oberseite war nur ein verwischter Handballen zu erkennen, aber auf der Unterseite der Klinke konnte er tatsächlich zwei Fingerabdrücke abnehmen. Er baute zwei kleine Akkuleuchten auf, richtete sie auf die Türklinke und fotografierte die Abdrücke. „Perfekt!"

Er räumte die Utensilien wieder akribisch in den Koffer ein. Dann ging er zurück in den Schankraum. Er steuerte auf seinen Laptop zu.

„Sie haben nichts dagegen, wenn ich mir noch ein Bier zapfe?" Gerlingers Stimme.

Wagner schüttelte den Kopf. „Machen Sie ruhig."

Er setzte sich an den Rechner, schloss die Kamera an den Laptop an und übertrug die Fotos direkt in seine persönliche Internet-Cloud. Über den Laptop hatte er direkten Zugriff darauf. Das hatte er bei seiner Arbeit für Wantrupp & Wantrupp immer gemocht: Es wurde nicht nur das angeschafft, was absolut nötig war, sondern auch das, was einen die Arbeit angenehm flott und effizient erledigen ließ. So auch dieser High-Speed-Internet-Zugang, auf den er an jedem Ort Zugriff und an dem er Handyempfang hatte.

Dann folgte der Teil, der ihm an seiner Arbeit ebenfalls besonders gefiel: Wantrupp & Wantrupp hatten es möglich gemacht, auf viele Ressourcen zugreifen zu können, zu denen Otto Normalverbraucher keinen Zugriff hatte. So freute sich Wagner wieder einmal darüber, dass er nur drei Passwörter davon entfernt war, die Fingerabdrücke in der hessischen Polizeidatenbank recherchieren zu können. Er stand auf. Es würde ein paar Minuten dauern, bis er ein Resultat erhalten würde. Zeit, auch was zu trinken. Gerlinger stand hinter dem Tresen und zapfte sich offenbar bereits sein zweites Morgenbier. „Ne Cola, bitte", sagte er fast automatisch. Gerlinger griff tatsächlich hinter die Theke und goss ihm ein Glas ein.

„Sind Sie öfter hier?", stellte Wagner die eigentlich überflüssige Frage.

Gerlinger nickte nur.

Wagner sah sich um. An einigen Stellen im Raum waren gerahmte Fotos aufgehängt. Er trat an das erste Foto heran. Die Bildunterschrift brauchte er gar nicht erst zu lesen. Auf dem Bild waren Elton da Costa und Aytac Sulu in orangefarbenen Trikots zu sehen. Auf dem Boden zwei Spieler in blauen Trikots. 19. Mai 2014: „Das Wunder von Bielefeld." Da Costa zieht durch und versenkt den Ball im Netz. Und die Lilien stiegen auf in die Zweite Bundesliga. Wagner seufzte. Das Spiel hätte er gern im Stadion gesehen. Er war live dabei gewesen, als die Lilien im ersten Relegationsspiel gegen Bielefeld hier am Böllenfalltor drei Tage zuvor 1:3 verloren hatten. *Bölle-Hölle* – den Ausdruck hatte er von einem Nachbarn aufgeschnappt, der neben ihm nach dem verlorenen Spiel von der Tribüne gestapft war. Und dann dieser Treffer von da Costa in Bielefeld, in der 2. Minute der Nachspielzeit, den hätte er wirklich gern vor Ort gesehen. Er hatte damals im Biergarten in der Dieburger Straße gesessen, mit gefühlt mehr Menschen um sich herum als im Stadion Platz gehabt hätten.

Wagner ging weiter. Eine weitere Fotografie zeigte Fans auf der Tribüne – und Wagner erstarrte. Das konnte nicht sein. Das war nicht möglich. Da sah er sie. Sie, deren Namen er nicht mal wusste. Sie, die vor wenigen Tagen in diesem netten kleinen Tee-Café neben der Stadtkirche mit einer Freundin am Tisch gesessen hatte. Mit seinem Laptop hatte er zwei Tische weiter gesessen, wieder irgendetwas recherchiert – und ihre Stimme gehört. Konnte man sich in eine Stimme verlieben? Er konnte. Vielleicht, weil diese Stimme ihn ein wenig an Gaby erinnerte. Deren Bild in seinen Kopf eingebrannt zu sein schien. Die ihm schon so manches Date vermasselt hatte. Die Male, in denen es ihm in seinem Leben gelungen war, eine hübsche Dame dazu zu bringen, sich unangekleidet in seinem Bette niederzulassen, konnte er an den Fingern einer Hand abzählen. Und immer die gleiche Schmach: Mann sprach ja nicht gern darüber, dass Mann nicht konnte. Weil immer noch diese eine in seinem Kopf herumspukte. Etwas, worüber er im Moment überhaupt nicht nachdenken wollte.

Äußerlich sah die Dame aus dem Café Gaby überhaupt nicht ähnlich. Gaby war blond gewesen, die Dame aus dem Café war dunkelhaarig. Gaby war von kräftiger Statur gewesen, nicht dick, aber mit üppigen Rundungen. Die Dame aus dem Café gehörte viel eher in die Kategorie gertenschlank.

Für Paul Wagner war das alles nicht wichtig. Er reagierte auf die Stimme und den Blick einer Frau. Und Wagner glaubte an Schicksal. Es war also kein Zufall, dass er ausgerechnet heute hierher beordert worden war, um den Pokal der Lilien wieder aufzutreiben, mit einem betrunkenen Zeugen allein in der Lilienschänke zu sitzen, einen Fingerabdruck zu finden, und beim Warten auf das Ergebnis eben das Bild der Dame aus dem Café wiederzusehen.

Zwei Geräusche rissen Wagner aus seinen Gedanken: Zum einen goss sich Gerlinger noch ein Bier nach, außerdem signalisierte das Piepen aus dem Lautsprecher seines Laptops, dass der Suchlauf abgeschlossen war.

Wagner ging zum Tisch, auf dem der Rechner stand. Er sah den Schriftzug auf dem Bildschirm: „Eine Übereinstimmung."

Rosen hatte inzwischen zweimal mit dem Schlüsseldienst telefoniert, der ihm die Tür zum Museum wieder öffnen sollte. Zwar hatte das Museum im letzten Container auch eine Ausgangstür, aber die war sinnvollerweise von innen mit steckendem Schlüssel verriegelt gewesen. Wie das zustande kam, konnte Rosen auch nicht genau erklären, Fakt war, dass er am vorigen Abend, nachdem er den zu einem Drittel abgebrochenen Schlüssel aus dem Schloss gezogen hatte, keine Möglichkeit mehr gehabt hatte, das Containermuseum zu betreten.

Rosen hatte mehrfach versucht, ein Gespräch anzufangen, doch Helmut Stallitzer war nicht nach Small Talk zumute. Und Reinhold Rosen versuchte auch, jedes Gespräch mit irgendeinem Thema zur aktuellen Situation der Profimannschaft des SV 98 zu beginnen. Und das war für Helmut Stallitzer definitiv kein Stoff, mit dem man ihn aus der Reserve locken konnte.

Zum Glück fuhr keine zehn Minuten später der Wagen des Schlüsseldienstes vor. Reinhold Rosen winkte ihn heran. Der Schlüsselexperte stieg aus dem Dacia Logan, grüßte, ging zum Kofferraum und entnahm ihm einen großen grauen Metallkoffer. Den Koffer wie auch die Seitenwand des Wagens zierte die Aussage: „Herbert Ross – wir knacken jedes Schloss!"

Zielstrebig ging der untersetzte Mann im grauen Overall mit absurd orangefarbener Base-Cap – natürlich mit nach hinten gedrehtem Schild – auf Rosen zu. „Ihnen ist der Schlüssel abgebrochen?"

Rosen nickte nur.

„Welche Tür?" Mister Basecap schien einer von der Schweigen-ist-Gold-Fraktion zu sein.

Rosen deutete auf die Eingangstür zum Museum.

„Haben Sie denn den kaputten Schlüssel noch?"

Rosen runzelte die Stirn. „Ja. Den habe ich noch. Aber was soll der Ihnen nützen? Ich hab Sie angerufen, weil der Schlüssel eben abgebrochen ist."

Stallitzer musste grinsen. Er konnte sich denken, was jetzt gleich kam.

Die graue Eminenz hielt Rosen nur die offene Hand hin. Rosen verstand und legte ihm den Schlüsselbund hinein. Der richtige Schlüssel war nicht schwer zu identifizieren: Es war der einzige, dem ein Stück Bart fehlte.

Basecap nahm den Schlüssel, steckte ihn ins Schloss, rüttelte ein klein bisschen hin und her, dann drehte er den Schlüssel um 360°, danach noch mal um 45° und dann schwang die Tür auf.

Rosen starrte entgeistert auf den offenen Eingang.

„Ist der einfachste Weg. Beim nächsten Mal einfach probieren. Wenn die Bruchstelle nicht verkantet ist, ist die Chance nicht schlecht, so das Schloss aufzukriegen. Ich muss es jetzt aber trotzdem rausschrauben und ein neues einbauen."

Rosen schüttelte den Kopf, dann bedeutete er Stallitzer, ihm in die heiligen Hallen zu folgen. „Darauf hätte ich mal kommen sollen", murmelte Rosen. „Dann wäre uns dieser ganze Schlamassel erspart geblieben."

Stallitzer zuckte nur mit den Schultern. Kaum hatte Rosen den ersten Container betreten, wandelte sich seine Stimmung augenblicklich. „Haben Sie ein paar Minuten? Dann würde ich Ihnen gern das Museum zeigen."

Stallitzer konnte mit Fußball wirklich nichts anfangen. Aber er wusste auch, dass er manchen Fall nur deshalb gelöst hatte, weil er auch den Details rechts und links des eigentlichen Falls Bedeutung geschenkt hatte. Und wie er Paul Wagner einschätzte, würde der wie ein Drogenspürhund jeden Quadratmillimeter der Lilienschänke beschnüffeln, um irgendeine Spur zu finden. Und danach eine Stunde lang am Laptop rumklappern, bevor er mit finsterer Miene erklärte, er habe nichts gefunden. Na ja, vielleicht tat Stallitzer ihm auch unrecht, aber er mochte Wagner nicht. Also besser eine Führung durchs Lilienmuseum, als neben Wagner in der Lilienschänke sitzen und auf ein Ergebnis warten.

„Der erste Container", begann Rosen seine Führung, „ist der Gründung des Vereins und der Zeit vor dem Zweiten Weltkrieg gewidmet." Rosens Stimme hatte sich völlig verändert. Jetzt war er ganz Museumsführer, dessen Stimmlage mit jeder Vibration des Stimmbands die volle Begeisterung für seinen Verein hören ließ.

Er deutete auf eine Fotografie, auf der sechs Männer hintereinanderstanden, von der Seite fotografiert. Sie alle trugen weiße Kragen und Anzug sowie Halbschuhe. Sie sahen auf den ersten Blick keinesfalls wie Fußballer aus.

„Das sind die Ensgrabers. Von links nach rechts der Vater, dann die Söhne Fritz, Bernhard, Karl, Wilhelm und zum Schluss Ernst. Vier der fünf Brüder gründeten 1898 den Fußballklub Olympia Darmstadt."

Stallitzer betrachtete das Foto. Da war kein Stadion im Hintergrund zu sehen.

„Sie spielten seinerzeit auf dem Schlossgartenplatz zwischen Ahornbäumen."

„Zwischen Ahornbäumen?", echote Stallitzer und sah Rosen entgeistert an.

Der griente: „Ja. Das war aber damals schon nicht mehr regelkonform. Zwei Jahre zuvor wurden die sogenannten *Jenaer Regeln* festgelegt. In denen stand unter anderem, dass Fußballfelder frei sein müssen von Bäumen und Sträuchern. In England und in der Schweiz spielte man zu dieser Zeit schon richtig Fußball. Deutschland steckte da noch in den Kinderschuhen. Aber dann ging es ziemlich flott voran. Im Jahr 1900 wurde der Deutsche Fußballbund gegründet."

Stallitzer nickte. Rosen deutete nun auf ein Foto, auf dem offensichtlich ein Fußballspiel im Gang war. Die Schuhe jedoch wirkten gegenüber heutigem Schuhwerk wie Wanderstiefel, die Hosen hörten weit unterhalb der Knie auf und mit viel gutem Willen war das Holzgerüst in der Mitte des Bildes als Tor zu interpretieren – wenn auch kein Netz vorhanden war.

„Hier sehen Sie den Torhüter Grünewald von Olympia 98 in Aktion, Grünewald wa …"

„Herr Rosen, vielleicht machen wir doch lieber die *kurze* Führung. Wo steht der Pokal? Ich meine, wo sollte er stehen?"

Augenblicklich verwandelte sich Rosen wieder vom Museumsführer zum Vereinspräsidenten, der ein Problem hatte und aussah wie ein geprügelter Hund. „Klar, kommen Sie mit, ich zeig es Ihnen."

Stallitzer folgte Rosen durch das Museum. Es war liebevoll hergerichtet, und auch die Innenwände waren verkleidet, sodass man auf den ersten Blick nicht den Eindruck hatte, durch Container zu laufen. Die gesamte Inneneinrichtung war in den Vereinsfarben gehalten. Mehrere Plexiglasvitrinen zierten Fotos und Gegenstände, die wohl die Vereinsgeschichte widerspiegelten. Stallitzer nahm das Ganze eher am Rande wahr.

In einer der Vitrinen las er aus den Augenwinkeln: „Tor des Monats 1978", in einer anderen „Uffstiesch!", unweit davon: „Das Darmstädter Modell 1978".

Vor einer Vitrine jedoch blieb Stallitzer stehen. Er traute seinen Augen nicht. In ihrem Inneren war ein Eierkarton abgestellt, mit Platz für sechs Eier. *Gold-Ei* war auf dem Etikett zu lesen, das den Karton zierte. Über den Karton war ein lamentiertes Schild angebracht, auf dem stand: „Die Gold-Ei-Lücke." Etwas kleiner darunter: „Saison 1999/2000."

Wie bei vielen Exponaten stand auch neben dem Eierkarton ein Tablet. Offensichtlich wurden die dazugehörigen Informationen elektronisch eingespielt. Aber jetzt waren alle Bildschirme schwarz.

„Was hat denn ein Eierkarton mit den Lilien zu tun?", konnte Stallitzer in diesem Fall seine Neugier nicht zügeln. „Und was bitte ist eine Gold-Ei-Lücke?"

Rosen, der schon ein paar Schritte vorgelaufen war, drehte sich um und kam zurück. „Das ist eine nette Geschichte. In der Saison 1999/2000 waren die Lilien gerade aus der Versenkung der Oberliga Hessen emporgestiegen. Und sie starteten einen

Versuch, wieder mehr Leute ins Stadion zu bekommen. Da hatten sie eine Marketing-Idee: Auf allen Werbekanälen posaunten sie in die Welt, dass der Eintritt für das kommende Spiel frei sein würde. Nach dem Spiel sollten die Besucher dann einen Obolus in die Kasse entrichten, in der Höhe, die ihnen das Spiel wert gewesen war. Das war natürlich nur über einen Sponsor zu finanzieren – *Gold-Ei* aus Dietzenbach. Die haben zwei Spiele finanziert. Im September '99 traten die Lilien dann gegen 1860 München an, und tatsächlich kamen 7.000 Zuschauer ans Böllenfalltor – 3.000 mehr als der damalige Saisonrekord. Die Lilien verloren jedoch sang- und klanglos 0:3. Und in der Kasse lagen danach nur 22.000 Euro und nicht wie erhofft 45.000. Dennoch gab es in der zweiten Saisonhälfte eine Neuauflage, diesmal im Spiel gegen Augsburg. Und wieder erlebten die Lilien eine 0:3 Niederlage. Die beiden Spiele waren übrigens die größten Heimpleiten in der ganzen Saison. Nun ja, so entstand die Gold-Ei-Lücke – und letztlich der Verlust eines Sponsors."

Stallitzer grinste. „Gut, dann jetzt mal zum Raum mit dem Pokal."

Rosen schritt voran, Stallitzer folgte. Wieder fielen ihm Dinge ins Auge, aber er hatte nicht mehr die Muße, nachzufragen, wem etwa die Gürtelschnalle in Lilienform gehört hatte, oder was eine durchsichtige Plexiglasröhre mit lauter blauen Tennisbällen darin mit dem SV Darmstadt 98 zu tun hatte.

Wenig später erreichten sie den sechsten Raum.

„Da hätte er stehen sollen."

Helmut Stallitzer deutete auf die Stele, die mitten im Container aus dem Boden etwa einen Meter in die Höhe ragte. Sie war, wie konnte es anders sein, in Blau gehalten. Stallitzer sah sich um. An zwei der vier Wände in diesem Raum hingen mehrere Fotografien, die alle im Bezug standen zum Hauptsponsor des

Vereins: Ein Bild zeigte den Unternehmenssitz von Bembler, drei weitere Bilder die Vorstände, wie sie mit Vereinsfunktionären des SV 98 Hände schüttelten. Auf fünf Bildern war jeweils die Mannschaft des SV 98 abgebildet, wie sie den Pokal in die Höhe hielt, den sie gerade gewonnen hatte – an fünf Jahren hintereinander. Mehrere Bildschirme hingen an den Wänden, auf denen wohl die Siegestreffer der jeweiligen Pokalsaison gezeigt werden sollten. Nur der Pokal selbst fehlte.

„Wenn der Pokal hier nicht in zehn Tagen steht, dann hat der Verein ein riesiges Problem. Ich kenne den Chef von Bembler gut. Und so dankbar ich ihm bin, dass er den Verein nach Kräften fördert – nun, sagen wir mal so, er kann auch ein richtig schwieriger Mensch sein. Mit Befindlichkeiten, dagegen ist eine Mimose ein Gladiator."

Stallitzer nahm das zur Kenntnis, kommentierte es aber nicht.

Er machte mit den Händen eine ausladende Geste. „Woher haben Sie all diese Dinge, die Sie hier ausstellen? Okay, so einen Eierkarton findet man vielleicht noch irgendwo, aber ich meine die Gürtelschnalle, dieses komische Plexiglasding, die Turnschuhe, die Trikots – hatten Sie schon immer ein richtiges Archiv?"

„Nein, leider nicht. Natürlich haben wir im Verein jemanden, der sich seit Jahren darum bemüht. Er hat schon eine ganze Menge aufgetrieben. Aber eine ganz besondere Rolle spielen bei uns die Fans. Als wir vor einem Jahr öffentlich gemacht haben, dass es dieses Museum geben wird, haben wir einen Aufruf bei den verschiedenen Fanvereinigungen gestartet. Sie glauben nicht, was uns alles gespendet wurde. Zum Teil lang verschollen geglaubte Wimpel, Abzeichen, Trikots, Autogramme – und auch eine ganze Menge an Filmaufnahmen, die sogar aus der

Zeit stammen, als tragbare Videorecorder nur etwas für Bodybilder waren. Wir haben da richtig was investiert und alles digitalisiert. Daher haben wir tatsächlich auch von Spielen aus den frühen 70er-Jahren Filmaufnahmen. Unglaublich, aber wahr. Na ja, und das zeigen wir ja auch hier, weil ein anderer großzügiger Sponsor uns die ganzen Tablets und Fernseher finanziert hat. Und diesen Gold-Ei-Karton – den hat uns ein 80-jähriger Fan geschenkt, der das Ding vor 15 Jahren ganz bewusst aufgehoben hat, falls es mal ein Lilienmuseum geben sollte."

„Haben Sie jemanden im Verein, der für die Fans zuständig ist?", wollte Stallitzer wissen.

„Ja. Haben wir. Seit einem Jahr gönnen wir uns einen richtigen Fanbeauftragten. Auch da professionalisieren wir uns ein bisschen."

„Kann ich mit dem mal sprechen? Wer weiß, vielleicht hören ja die Fans das Gras wachsen."

Rosen zögerte. „Na ja, dann müsste man ihm gegenüber schon zugeben, dass der Pokal weg ist. Keine gute Idee. Ich möchte den Kreis der Mitwisser so klein wie möglich halten."

„Herr Rosen, um es direkt zu sagen: Ohne Unterstützung werden wir Ihren Pokal kaum wiederfinden. Wenn Ihr Fanbeauftragter also vertrauenswürdig ist, würde ich gern mit ihm sprechen."

Wieder zögerte Rosen. Aber nur noch kurz. „Ich werde darüber nachdenken." Damit war das Thema für ihn erledigt. Stallitzer hakte nicht nach. Das würde er tun, wenn der richtige Zeitpunkt da wäre. „Erzählen Sie mir bitte noch etwas mehr über diesen Bembler-Pokal. So richtig wertvoll scheint er ja nicht zu sein."

Rosen rollte mit den Augen. „Finanziell nicht. Ideell jedoch …"

In der einen Ecke des Containerraums standen zwei blaue Ledersessel. „Setzen wir uns, dann erzähl ich es Ihnen."

Die beiden Männer ließen sich nieder.

„Gustav Bembler ist der Vater des heutigen Juniors August Bembler. Bembler ist ein Familienunternehmen, ich glaube so seit 1850, genau weiß ich das auch nicht. Und Gustav Bembler war schon immer ein Unterstützer der Frankfurter Eintracht. 1995 rief er dann den Bembler-Pokal ins Leben – eben jenen Topf, den wir jetzt suchen. Ich kapiere überhaupt nicht, wieso den jemand klauen will!"

So ruhig Rosen bislang gewesen war, nun flogen seine Arme in die Höhe und er wedelte mit den Händen wie ein Dirigent im Zeitraffer. Ebenso schnell fiel die Eruption wieder in sich zusammen. „Dieser Pokal wurde, wie vorhin schon gesagt, fünf Jahre lang ausgetragen. Organisiert hat das der Hessische Fußballverband, und die Lilien haben den Pokal immer gewonnen. Und da das Ding dem DFB-Pokal äußerlich nicht unähnlich ist, sind darüber in den vergangenen Jahren ständig dieselben Witze gerissen worden."

Rosen macht eine Pause, bis Stallitzer fragte: „Und wie kommt es, dass Bembler jetzt zum Hauptsponsor der Lilien wird?"

Nun grinste Rosen übers ganze Gesicht. „Das wiederum ist eine Geschichte, die einem keiner glaubt, weil sie einem Slapstick-Film entsprungen sein könnte. Vor sechs Jahren, da hat Gustav Bembler seinem Sohn August die Firmenleitung übertragen. Sein Sohn war gut ausgebildet, er hatte Betriebswirtschaft studiert, sogar ‚International Business', also BWL mit Sprachen. Ein Auslandssemester hat August dann in New York verbracht. Und August ist nicht etwa mit dem nächsten Flieger über den Teich geflogen, sondern hat darauf bestanden, mit dem Schiff zu reisen und einen Container Bembler-Apfelwein nach Amerika mitzunehmen. Nun, Apfelwein war damals nicht wirklich das In-Getränk in Amerika, nicht einmal in New York.

August wohnte bei einer Studentenverbindung in New York. Er war auch in Frankfurt in einer Studentenverbindung, und die hatten Kontakte zu den Kommilitonen auf der anderen Seite des Großen Teiches. Wie dem auch sei, August hat seine Mitstudenten großzügig mit Äppler verköstigt. Und es sind diese Zufälle im Leben, die man einfach nicht planen kann. Ein Kommilitone von August war der Sohn des Besitzers des drittgrößten Getränkevertriebs in den USA. Und der hat seinem Papa zehn Flaschen ‚real german apple wine' geschickt, inklusive der Anleitung, wie man einen echten Sauergespritzten zubereitet – wobei die Amis dieses Wort kaum aussprechen konnten.

Und plötzlich war das ein Selbstläufer. Der amerikanische Vertrieb verhandelte mit Bembler in Deutschland – nach kurzer Zeit nur noch mit August direkt in Amerika. Da hat er sich wirklich seine Meriten verdient. Der Getränkevertrieb startete erfolgreich. Die haben eine Marketing-Aktion losgetreten, vor acht Jahren war das genau, im Sommer.

Auf den Leuchttafeln am Times Square sah man echte hessische Äpfel, Bembler-Flaschen, Bembler-Bembel, darunter lief eine Laufschrift ‚apple wine is always fine' und ‚Bembler in your head is a real german Brett'. Man glaubt es kaum. Seitdem hat Frankfurt München sogar ein paar Prozentpunkte an amerikanischen Touristen abgeluchst. Das Beste war allerdings, dass in zwei Nächten die Fackel der amerikanischen Freiheitsstatue von einem von innen beleuchteten riesigen Apfel umhüllt war. Im Netz kursieren heute noch Fotos davon."

Stallitzer versuchte, sich das Bild vorzustellen. Es gelang ihm nicht so recht.

„Und als Sohn August dann die Zügel des Unternehmens endgültig in die Hand bekam, hat er sofort in der Nähe von New York die erste Apfelweinkelterei in den USA aufgebaut. Das Geschäft läuft gut, sehr gut, so gut, dass Bembler jetzt die Lilien unterstützt. Denn im Gegensatz zu dem Herz seines Vaters schlug jenes von August schon immer für unseren Verein. Das liegt vielleicht daran, dass seine Mutter ein echtes Heinermädchen ist. Und es geht das Gerücht, dass August seiner Frau seinerzeit zum ersten Mal in Lopos Werkstatt begegnet ist."

Die Diskothek mit dem seltsamen Namen kannte auch Stallitzer. Er war damals mit ein paar Kumpels zum Tina-Turner-Konzert nach Darmstadt gefahren. Erst hatte er gedacht, sein Kumpel Fritz wollte ihn hochnehmen, als der ihm gesagt hatte, dass er in die verschlafene Beamtenstadt fahren wollte, um Tina Turner live zu sehen. Wann war das noch gewesen? Er konnte sich nicht mehr erinnern. Irgendwann in den 80ern. Dagegen erinnerte er sich noch gut daran, dass man durch einen eingemauerten Straßenbahnwaggon gehen musste, um ins Innere zu gelangen.

Rosen stand auf und forderte Stallitzer ebenfalls dazu auf. Er ging an eine der Wände, auf der die siegreiche Lilienmannschaft von 1997 gezeigt wurde. Der Kapitän hielt den Pokal in die Höhe. Er war gut zu erkennen.

„Die Bemblers haben damals bei der Optik schon ein bisschen beim DFB-Pokal geklaut. Die Lilien hat's gefreut, den fast echten Pott in der Hand zu halten. Aber der Standfuß ist halt quadratisch, und die aufgesetzten Äpfel rund um die obere Linie sind auch nicht jedermanns Geschmack. Im echten DFB-Pokal sind ja zwölf Turmalinen aufgesetzt, dann noch ein paar Bergkristalle und noch ein paar Edelsteine. Das ist beim Bembler-Pokal alles nur aus Glas. Ach ja, Gold und Silber fehlen natürlich auch."

Der Name des Mannes, zu dem die Fingerabdrücke gehörten, hieß Ben Brambach. Er war 44 Jahre alt. Mehr konnte Wagner dem Datensatz nicht entnehmen. Zeit, das Backoffice in Anspruch zu nehmen.

Im Frankfurter Stadtteil Bornheim hatte Wantrupp & Wantrupp seinen Firmensitz. Allein die Kanzlei nahm zwei ganze Stockwerke in Beschlag. Und auch die Detektei füllte noch mal ein eigenes Stockwerk aus. Die drei Stockwerke waren untereinander mit Treppen verbunden, sodass die Mitarbeiter nicht das Haupttreppenhaus benutzen mussten. Die EDV-Abteilung der Detektei war vom Feinsten – dafür hatte Wagner gesorgt. Wagner war auch für das Personal seiner Abteilung zuständig. Anfangs hatte Michael Wantrupp noch vorgeschlagen, Informatikstudenten für die Datenbankrecherche einzusetzen. Doch das hatte ihm Wagner zum Glück ausreden können. Die Mitarbeiter waren fest angestellt, und sie waren gut bezahlt. Außerdem hatten sie eine Geheimhaltungserklärung unterschrieben. Sie war nicht in Juristen-Deutsch verfasst, sondern beschrieb glasklar, dass leichtfertiges Plappern all den schönen Reichtum, den sie mit ihrem Job anhäuften, mit einem Schlag zunichtemachen könnte.

Wagner hätte telefonieren können, aber er wollte nicht, dass Gerlinger lauschte. Also stellte er seine Frage per Mail. Er wollte wissen, wo Ben Brambach lebte. Und was man sonst noch über ihn herausfinden konnte.

Er schickte die Mail ab und wusste, dass er binnen 10 Minuten eine Antwort erhalten würde.

Gerlinger kam auf Wagner zu, ein halbgefülltes Bierglas in der Hand. Er sah auf den Bildschirm des Laptops.

Obwohl er einen Meter entfernt stand, war seine Bierfahne unmöglich zu überriechen, sozusagen.

„Nee, das gibt's doch gar nicht. Das ist doch der Brambach auf dem Bild!"

Wagner sah Gerlinger erstaunt an.

„Na, der kommt doch auch immer wieder zum Spiel, wenn er gerade wieder mal ein bisschen Kohle hat. Und wenn er noch ein bisschen mehr Kohle hat, dann kommt er danach noch mit in die Kneipe. Hat mich der Brambach niedergeschlagen?"

Wagner antwortete nicht darauf, zumindest nicht mit einem Aussagesatz. Vielmehr stellte er eine Gegenfrage: „Haben Sie eine Ahnung, wo Ben Brambach wohnt?"

Gerlinger schien schon vergessen zu haben, dass er selbst eine Frage gestellt hatte. „Klar, der wohnt im Martinsviertel. In der Lauteschlägerstraße." Er nannte auch noch die Hausnummer.

Wagner notierte sich die Adresse. „Telefon?"

Gerlinger zuckte mit den Schultern. „Keine Ahnung. Ich hab seine Nummer nicht."

Bereits in diesem Moment zeigte der Laptop akustisch an, dass eine Nachricht eingetroffen war. Paul Wagner öffnete sie nicht, da Gerlinger ihm immer noch interessiert über die Schulter schaute. „Können Sie mir vielleicht noch ein Glas Cola bringen?"

Gerlinger schien es nichts auszumachen, zur Bedienung degradiert – oder befördert – worden zu sein. Er verschwand, und Wagner las die Mail. Seine Mitarbeiter waren schnell gewesen: Sie bestätigten die Adresse. Einen Telefonanschluss schien Brambach nicht zu haben. Und auch bei den großen Providern gab es keine Handynummer, die auf seinen Namen eingetragen war.

Gerlinger kam mit der Cola zurück und stellte sie vor Wagner auf den Tisch.

Wagner bedankte sich, dann wandte er sich Gerlinger zu: „Herr Gerlinger, ich glaube, Sie können nach Hause gehen."

„Und meine 150 Euro? Die kann ich jetzt wohl in den Wind schreiben!?"

Wagner zuckte mit den Schultern. „Nein. Die gebe ich Ihnen."

Die Sonne scheint – Gerlingers Gesicht hellte sich auf und hätte in diesem Moment die Vorlage für das Lied sein können.

Wagner zog seine Geldbörse hervor. Er entnahm ihr drei 50-Euro-Scheine. Als Gerlinger danach greifen wollte, legte er nochmals seine eigene Hand auf den kleinen Geldstapel: „Ich lege nochmal 150 drauf", sagte Wagner. Gerlingers Gesicht war ein einziges Fragezeichen.

„Sie vergessen Ihren kleinen Auftrag hier. Sie reden mit niemandem darüber. Mit gar niemandem."

Gerlinger nickte.

„Wenn Ihre kleine Geschichte die Runde machen sollte – und seien Sie sicher, ich werde es als Erster erfahren – komme ich und hole mir das Geld zurück. Und ich werde stinksauer sein."

Gerlinger nickte, wobei der Takt nun doppelt so schnell war.

Wagner legte noch vier weitere 50-Euroscheine auf die drei Kollegen.

„Sie sagten 150 Euro. Das sind 200 Euro."

„Sehen Sie, so ist das mit der Vergesslichkeit. Sie zahlt sich aus."

Gerlinger nickte Wagner ein letztes Mal zu, war wieder fleischgewordene Lilien-Hymne, verabschiedete sich und verließ die Lilienschänke durch den Vordereingang.

Michael Wantrupp hatte bereits am Telefon zum Ausdruck gebracht, dass Diskretion das Allerwichtigste bei diesem Fall sein sollte. Und dass man diese Diskretion durchaus mit ein paar Euros erkaufen durfte.

Kaum hatte Gerlinger die Sportsbar verlassen, piepte der Laptop erneut. Wagner las die Mail. Brambach war in der Vergangenheit öfters wegen Diebstählen aufgefallen, berichtete Toni, sein bester Mitarbeiter. Das passte perfekt.

Als Wagner versuchte, im Internet mehr über Ben Brambach herauszufinden, biss er allerdings auf Granit. Ben Brambach existierte nicht. Zumindest nicht auf Facebook, nicht auf Instagram, nicht auf Google+ und wie sie alle hießen, die vermeintlich sozialen Netzwerke.

Da blieb ihm wohl nur eines übrig: Helmut Stallitzer und er selbst würden Brambach einen Besuch abstatten müssen.

Ben Brambach saß im Wohnzimmer seiner Dachgeschosswohnung in der Lauteschlägerstraße – vielmehr jenem Ort, den er als sein Wohnzimmer zu bezeichnen pflegte. Er blickte sich im Raum um. Nicht zum ersten Mal fühlte er sich an das einzige Gemälde erinnert, das er kannte: „Der arme Poet" von Carl Spitzweg. Nur dass Ben Brambach kein Poet war. Und das Dach auch nicht ganz so undicht, wie es die Darstellung annehmen ließ. Er hatte noch keine Schirme aufspannen müssen. Was nicht bedeutete, dass es wesentlich wärmer war, als es das Bild von Spitzweg suggerierte. Brambachs Wohnung lag in einem Altbau, der noch nicht für teures Geld saniert worden war. Das hatte den Vorteil, dass der Mietzins im Vergleich zu anderen Darmstädter Wohnobjekten im unteren Zehntel des Mietspiegels rangierte. Es war aber auch mit ein paar Nachteilen verknüpft: Einfachverglasung, nicht wärmeisoliert, was auch nicht nötig war, da der Wind durch die Ritzen in den Fensterrahmen ohnehin seinen Weg fand. Die Heizung war rudimentär: ein Kohleofen in der Mitte der Wohnung, der in der Lage war, eben jenen Wohnungsmittelpunkt zu beheizen, wenn ihm kein scharfer Westwind einen Strich durch die Rechnung machte.

Brambach erhob sich von seinem Sofa, ging zum Kühlschrank und entnahm ihm eine Flasche Bier. Er öffnete sie mit einem Feuerzeug und ließ den Kronkorken durchs Zimmer schnellen. Er verschwand klackernd hinter dem Sofa, im Kreis der Kollegen.

Brambach ließ sich wieder auf das Sofa sinken, zu weit rechts, er hatte nicht aufgepasst, an der falschen Stelle, sodass ihn die kaputte Feder in den Oberschenkel stach.

Er starrte auf den Pokal. Wie blöd hatte er sein können, dieses Monstrum überhaupt mitzunehmen?

Er prostete dem Pokal zu, stieß mit der Flasche gegen die Messingschale, rülpste – noch ein Vermächtnis der vorigen Bierflasche – und nahm einen tiefen Schluck. Was sollte er machen mit dem Pott?

Diese Frage hätte er sich besser mal vorher gestellt. Sein Freund Ricky, der Idiot, hatte ihm den Tipp mit der Lilienschänke gegeben. Die Kasse wäre randvoll, hatte Ricky gesagt. Mindestens 1.000 Euro, wahrscheinlich sogar 3.000 Euro. Und er selbst, also Ricky, wollte auch nur 100 Euro Anteil, wenn Ben die Sache erfolgreich durchzog. Am Arsch die Räuber! Fünfmal hatte Ben nachgezählt, was er an Kohle mitgenommen hatte: 2,37 Euro. Denn die Kasse, von der Ricky gesprochen hatte, gab es nicht mehr. Brambach hatte keine Ahnung, wie sie jetzt abrechneten. Er wusste nur: Das einzige Bargeld in der ganzen Kneipe bestand aus ein paar Münzen in einem kleinen Schüsselchen hinter der Theke. Konnte Ricky gerne einen Cent von abhaben.

Den Einbruch hatte er ja gar nicht begehen wollen, weil die Handschuhe kaputt waren. An vier Fingern an den Spitzen einfach durchgescheuert. Deshalb musste Ben ja neue Handschuhe kaufen. Aber ohne Kohle keine Handschuhe und ohne Handschuhe keine Kohle. Sein Freund Ricky erzählte ihm immer von einer Win-win-Situation, in der alle nur gewinnen würden. Die Sache mit den Handschuhen war aber eindeutig eine Scheiß-Scheiß-Situation. Und Ricky war auch nicht bereit gewesen, ihm nochmal was zu pumpen. Konnte man ihm nicht verdenken. Wenn Ben halbwegs den Überblick hatte, dann schuldete er Ricky noch 150 Mäuse.

Und jetzt saß er hier, diesen Riesenpott vor der Nase, keine Kröten, immer noch kaputte Handschuhe und keine Perspektive, wie er in den nächsten Stunden zu Geld kommen sollte. Der Pott sah gut aus. Aber er bezweifelte stark, dass der Hehler seines Vertrauens vom Glanz des Pokals ebenso begeistert wäre. Ben Brambach seufzte. Und nahm noch einen Schluck.

Klar bekam er Hartz IV. Langte aber nicht. So alle 14 Tage war ein kleiner Bruch nötig, damit er über die Runden kam. Eigentlich war Brambach der Meinung, dass Hartz-IV-Empfänger nicht auch noch Steuern zahlen sollten. Doch er zahlte sie täglich: Von den zehn Euro, die er für eine Pulle Rum bezahlen musste, ging mehr als die Hälfte in Form von Alkohol- und Mehrwertsteuern an den Staat. Bei Bier war es weniger, was die Sache nicht gerechter machte.

Ihm war gar nicht wohl dabei gewesen, in die Lilienschänke einzubrechen. Wenn er auch kein Fan war, so verfolgte er den Weg des Vereins zumindest in groben Zügen. Außerdem war auch er einmal Spieler beim SV 98 gewesen. War schon eine Weile her. Er wollte nie kicken, aber sein Vater hatte darauf bestanden. Bei jedem Training und bei jedem Spiel hatte der am Rand gestanden und allein durch seine lautstarken Kommentare gewirkt wie ein ganzer Fanclub für seinen Sohn. Peinlich, peinlich.

Alle hatten gewusst, dass Ben ungefähr so viel Talent hatte, den Ball mit den Füßen zu führen, wie Fritz von unten mit seinem Rollstuhl. Sein Trainer hatte das gewusst, und natürlich auch all die anderen Jungs in der Mannschaft. Nur Papa hatte es nicht einsehen wollen. Als der Coach seinem Vater nahelegte, den Sohn vielleicht doch eher beim Ballett anzumelden – falscher Text, ganz falscher Text – hatte Papa erst den Coach verprügelt und danach ihn. Na ja, danach waren seine Fußballertage wenigstens gezählt gewesen. Was seinen Papa allerdings nicht daran hinderte, sich regelmäßig in der Lilienschänke volllaufen zu lassen.

Der Einbruch war alles andere als geglückt. Hätte ihn gleich stutzig machen müssen, als er von außen „die Sonne scheint" hörte. Hatte sich aber nichts dabei gedacht. Vielleicht gehörte es ja zur Dauerbeschallung, seit die Lilien in der 1. Liga spielten.

Erst als er eingebrochen war, wurde ihm klar, dass das keine Dauerbeschallung sein konnte. Gut, dass er immer noch den Baseballschläger hatte. Den bekam er von seinem Vater geschenkt, als dieser die Folgekarriere seines Sohnes nach der Fußballblamage plante. Auch beim Baseball war Ben keine Leuchte gewesen. Aber er hatte bald auch keine Lust mehr, sich von seinem Vater für sportliche Misserfolge prügeln zu lassen. Also drehte er den Spieß um, benutzte den Baseballschläger im Training immer sehr rustikal, was zwei Gegenspielern jeweils gebrochene Knochen einbrachte, ihm den Rausschmiss aus der Mannschaft bescherte und komischerweise stolzen Glanz in den Augen seines Vaters hervorrief.

Da war tatsächlich ein Typ in der Lilienschänke. Und der war gerade auf dem Klo. Brambach hatte die Tür vom Schankraum geschlossen, sich neben die Türscharniere gestellt. Und als der Kerl von der Toilette zurückkam, die Tür öffnete, schlug Ben kurz in die Beuge zwischen Schulter und Hals und knockte den Herrn aus. Als der zu Boden glitt, erkannte Ben, dass es sich um Gerlinger handelte. Gerlinger war zwar kein Freund, aber doch zumindest ein Bekannter, mit dem er ständige Geldsorgen und hin und wieder auch ein Bier teilte.

„Sorry, Alter", hatte Ben gehaucht, dann aber keine Zeit verloren, nach der Kohle zu suchen. 2,37 Euro, wie gesagt. Und dann stand da der Pott auf dem Tisch, glänzte frisch poliert. Der hatte da nichts zu suchen, und Ben konnte sich auch nicht erklären, wie er dahin geraten war. Sekunden zuvor war er bereit gewesen, in seiner Wut auf Rickys bescheuerten Tipp die ganze Schänke kurz und klein zu hauen – so ein Baseballschläger verlieh eine Macht, die nicht immer gut war. Dann schnappte er sich den Pokal und verließ die Kneipe auf demselben Weg, auf dem er gekommen war, durch die Hintertür. War gerannt, hatte sich auf sein Mofa gesetzt und war heimgedüst.

Bescheuert.

Was sollte er jetzt machen mit dem verdammten Pott?

Vielleicht einfach versuchen, das Teil in Frankfurt auf dem Flohmarkt loszuwerden? Könnte klappen. Könnte aber auch in die Hose gehen, wenn morgen ein Artikel im Echo erscheinen würde, dass jemand den Pokal gestohlen hatte.

Ben Brambach nahm wieder einen tiefen Schluck aus der Pulle. Verzwickt war das Ganze, so verdammt verzwickt.

Dann ertönte sein Handy. *„I will always love you"* von Whitney Houston. Seine Ex hatte ihm den Klingelton ins Handy implantiert. Ben war leider ein absoluter Smartphone-Legastheniker und hatte keine Ahnung, wie er dieses ätzende Geträller hätte abstellen sollen. „Ja", blaffte er deswegen unwirscher ins Gerät, als er es vorgehabt hatte.

„Brambach? Ben Brambach?"

„Ja. Wer will das wissen?"

„Herr Brambach, Sie haben etwas, was uns gehört. Und das hätten wir gern zurück." Die Stimme des Mannes am Telefon klang dunkel.

„Klar, 2.000 Euro", feixte Brambach ins Mikrofon. Das Bier tat seine Wirkung.

„Das sollte kein Problem sein. Wir müssen uns treffen. Sofort."

War das heute doch sein Glückstag? War ihm mit diesem Pokal tatsächlich ein großer Deal gelungen? Musste er sich bei Ricky vielleicht im Nachhinein entschuldigen? Gedanken über Gedanken rauschten durch Ben Brambachs Gehirn wie ein Gletscherstrom im Frühling. „Wann? Wo?", brachte er gerade noch heraus.

Die Stimme nannte Zeit und Ort.

Stallitzer und Wagner erklommen das Treppenhaus. Während Stallitzer vorpreschte, hörte er, wie das Schnaufen von Wagner immer leiser wurde, weil der das Tempo beim Treppensteigen einfach nicht halten konnte. „Nicht so schnell, Stallitzer", fiepte sein Kollege auf Zeit. Stallitzer ignorierte die akustischen Äußerungen und stand wenige Sekunden später vor der Wohnung. Das Klingelschild zeigte den Namen des Bewohners: Ben Brambach. Sie waren richtig.

Stallitzer drückte den Klingelknopf. Nichts passierte.

Er griff in seine Jackentasche und nestelte ein Einbruchswerkzeug hervor.

Wagner erreichte die Wohnungstür nun ebenfalls. „Willst du da jetzt einbrechen?"

„Hast du einen besseren Vorschlag?", erwiderte Stallitzer, während er das Metallwerkzeug ins Schloss gleiten ließ.

„Nein."

„Also."

Das Schloss sprang auf, die Tür öffnete sich.

Stallitzer und Wagner betraten das Etablissement. Keine 20 Sekunden später wussten sie, dass der Vogel ausgeflogen war.

„Schau mal, da", deutete Wagner auf den Wohnzimmertisch. Dort fand sich eine eindeutige Spur in der Patina, die Brambachs mangelnde Vorliebe für Hausarbeit eindrucksvoll dokumentierte: Neben zahlreichen Rändern von Bierflaschen war ein quadratischer Abdruck von den Maßen eines Topflappens zu erkennen.

„Ich lag also richtig", konstatierte Wagner. Er wischte sich mit der Hand über die Stirn. Ein Grund dafür, dass er nicht so schnell wie Stallitzer die Treppen hochgekommen war, bestand darin, dass er neben seinen zusätzlichen Kilos auch den dicken Tatort-Koffer mit Trageriemen hochgeschleppt hatte. Er stellte ihn auf dem Sofa ab, ließ die Schlösser aufklappen und entnahm ihm einen Zollstock. Er legte den Messstab auf den Tisch, unmittelbar entlang des Abdrucks. „20,0 Zentimeter. Definitiv unser Pokal."

Mit seinem Handy lichtete er das Szenario ab.

„Brambach ist unser Mann. Wunderbar."

„Was ist daran denn jetzt wunderbar?", wollte Stallitzer wissen. „Der Pokal ist weg, Brambach ist weg. Wirklich wunderbar. Was machen wir jetzt? Warten wir, bis er wiederkommt?"

„Nein", sagte Wagner, klappte seinen Laptop auf und verschwand hinter Bildschirm und Tastatur.

„Also, was dann?"

Wagner antwortete nicht, und Stallitzer war nicht wirklich traurig darüber. Lieber ein schweigender Wagner, als einer, der sich wieder in Fußballgeschichten erging.

Während Wagner mit seinen Fingern über die Tastatur huschte, sah Stallitzer sich in der Wohnung um. Aufgeräumt ging anders. Er selbst war ja eher der pedantische Typ. Wenn Dinge nicht dort standen, wo sie stehen sollten, konnte Stallitzer leicht aus der Ruhe geraten. Es gab wenige Dinge, die ihn nervös werden ließen. Doch eine Bürste, die nicht auffindbar war, weil sie im Badezimmer nicht an ihrem Platz lag, stellte Stallitzers Contenance auf die Probe. Besonders schlimm war es, wenn er die Bürste dann fünf Minuten später im Schlafzimmer wiederfand, weil er sich dort gekämmt hatte.

Neben Wohnzimmertisch und drei Stühlen, die Brambach offenbar allesamt vom Sperrmüll geholt hatte, fand sich im Raum auch noch eine Klappcouch. Der Bezug der Bettwäsche sah nicht so aus, als ob er der beste Freund der Waschmaschine wäre. Stallitzer sah sich um. Er sah auch keine Waschmaschine.

In eine der Wände waren ein paar Regalbretter gedübelt. Darauf ein paar Gläser, ein bisschen Nippes, sogar ein Wimpel der Lilien, keine Bücher, keine Zeitschriften.

Die gegenüberliegende Wand zierten einige Fotos. Sie waren mit Reißzwecken an die Tapete gepinnt. Auf mehreren Bildern ein Mann in den Fünfzigern, offensichtlich Brambach. Auf einem der Fotos prostete er Arm in Arm mit einem Kumpel der Kamera zu, auf zwei weiteren Bildern waren Männer zu sehen, die nicht Brambach waren. Und dann war da noch ein Foto, auf dem Brambach, sicher 10 Jahre jünger, auf einem Mofa mit Anhänger saß. Stallitzer führte sein Gesicht näher an die Fotografie heran. Er kannte das Modell: eine Hercules M5 in blau, mit verchromten Seitenwänden des Tanks.

„Ich glaube, ich weiß, womit Brambach unterwegs ist", sagte Stallitzer.

„Ich auch", echote Wagner. „Er hat ein Mofa versichert. Eine Hercules M5."

Stallitzer seufzte. Offensichtlich funktionierten auch Wagners moderne Methoden, wenn es darum ging, Spürnasenqualitäten zu beweisen.

Brambach rauschte auf seinem Mofa auf dem Radweg neben der Dieburger Straße entlang. Gerade hatte er den Steinbrücker Teich hinter sich gelassen.

Der Zeiger des Tachos zitterte kurz vor der 50. Als der Motor seines Mofas vor zehn Jahren den Geist aufgab, hatte Ricky einen neuen aus dem Hut gezaubert. Also neu war er nicht gewesen, sondern gebraucht. Aber plötzlich war sein Mofa abgegangen wie Schmidts Katze. Erst ein Jahr später hatte Ricky ihm gestanden, dass er den Motor einer P3 eingebaut hatte, der Moped-Variante dieser Baureihe, mit unglaublichen drei PS. Damit fuhr seine Maschine nun fast doppelt so schnell. Brambach war es recht gewesen.

Obwohl er den Pokal in zwei Decken gewickelt hatte, klapperte es doch verdächtig aus dem Anhänger heraus. Brambach nahm das Gas etwas zurück. Schließlich wollte er den Pokal ja gleich für 2.000 Euro verticken und dies nicht dadurch gefährden, dass der Blechtopf plötzlich und unerwartet irgendwelche Kratzer aufwies, die er vorher nicht gehabt hatte.

Brambach konnte sich ganz dunkel daran erinnern, einmal ein Foto gesehen zu haben, auf dem die Mannschaft diesen Pokal in die Höhe hielt. Sie hatten es schon verdient, damals. Auch wenn der Pokal keine Auszeichnung für sportliche Exzellenz war.

Die hatten die Lilien allerdings in den vergangenen Jahren bewiesen: 2011 Aufstieg in die 3. Liga, 2014 Aufstieg in die 2. Liga,

2015 Aufstieg in die 1. Liga. Das hatte dann sogar Brambach mitbekommen, auch wenn er sich nur am Rande für das Schicksal des Vereins interessierte.

Und sie schlugen sich nicht schlecht in dieser 1. Liga. Nachdem alle anfangs nur von einem befristeten Abenteuer redeten, hatte es tatsächlich Spiele gegeben, die berechtigte Hoffnungen aufleben ließen, der Besuch in der 1. Liga könnte vielleicht doch länger als nur eine Saison währen.

Gleich im ersten Spiel hatten sie sich tapfer geschlagen: Nach 31 Minuten waren sie gegen Hannover in Führung gegangen. Brambach wusste das nur, weil er just in diesem Moment mit seinem Mofa die Nieder-Ramstädter Straße hochgefahren war. Als er auf Höhe des Stadions ankam, brach ein akustischer Orkan los. Das Spiel war in diesem Moment beendet gewesen: Unentschieden, Darmstadt holte einen Punkt. Und Brambach erinnerte sich noch genau, wie er seinen Ohren nicht getraut hatte, als die Lilien im darauffolgenden Spiel sogar gegen *Schalke* nach neun Minuten in Führung gingen. Auch das nächste Spiel unentschieden – und dann tatsächlich sogar der erste Sieg in der 1. Bundesliga, gegen Bayer Leverkusen.

Brambach staunte, dass er diese Daten tatsächlich im Kopf hatte. Er wich einem Schlagloch aus, der Anhänger tanzte hinter dem Mofa.

Nicht zu vergessen die beiden Spiele gegen die Bayern: im ersten Spiel zumindest das 0:0 bis nach der Halbzeitpause gehalten, in der Rückrunde dann zur Halbzeit sogar mit 1:0 in Führung gelegen. Darauf hätte wohl niemand gewettet. Brambach auch nicht. Aber gegen Dortmund hatte er eine Wette abgeschlossen. Er war ziemlich klamm gewesen an diesem Wochenende. Und dass die Lilien gegen Dortmund verlieren würden, war wohl ziemlich klar. Als Brambach dann jedoch die

Quote sah und wusste, wenn er auf den Sieg der Dortmunder setzt, würde er aus seinen zehn Euro 10,02 Euro machen, hatte er es sich kurzfristig anders überlegt und auf ein Unentschieden gesetzt. Er war belohnt worden: Tatsächlich war es den Lilien gelungen, dem Tabellenzweiten ein Unentschieden abzuringen. Und er hatte tatsächlich ein paar Euro verdient. Einen ganzen Kasten Bier, sozusagen.

Wieder hörte Brambach das Klappern aus dem Anhänger. Er reduzierte die Geschwindigkeit jetzt auf 20 km/h. Die Grube Prinz von Hessen lag rechts neben ihm im Wald. Er fuhr weiter geradeaus. Eines war sicher: Von den 2.000 Euro würde er sich zuerst einmal ein paar neue Handschuhe kaufen. Diese löchrigen Dinger hier konnten kaum vor der Kälte schützen.

Zum ersten Mal fragte er sich, wer das wohl war, der ihm 2.000 Euro für diesen Pokal geben wollte. Er konnte sich überhaupt keinen Reim darauf machen. Der Pokal war nicht wertvoll, auf keinen Fall 2.000 Euro wert. Auf der anderen Seite konnte es ihm ja völlig egal sein. Er würde den Typen den Pokal überreichen, dann die 2.000 Euro in Empfang nehmen, sich wieder auf sein Mofa hocken und mit 50 Sachen in der Stunde nach Hause brausen. Mit einem kleinen Schlenker in die Stadt, um die Handschuhe zu erstehen.

Augsburg, gegen die hatten die Lilien auch gewonnen, erinnerte sich Brambach. Das hatte ihm Ricky erzählt. Und Ricky hatte ihn sogar ins Stadion eingeladen, als die Lilien im DFB-Pokal wieder gegen Hannover antreten mussten. Und Hannover nochmal einen auf die Mütze gegeben hatten. Keine Ahnung, wie Ricky an die Karten gekommen war.

Eigentlich wäre der Pokal vielleicht sogar 3.000 Euro wert, dachte Brambach, nachdem er sich die vergangenen sportlichen Erfolge des Vereins durch den Kopf gehen ließ.

Vielleicht solltest du auch einfach umdrehen und den Pokal zurück ans Böllenfalltor fahren, sprach ein anderes Stimmchen in seinem Kopf. Ein paar Kröten aus der Lilienschänke zu klauen, das war eine Sache. Dem Verein seinen Pokal zu klauen und danach zu verscherbeln, das war eine ganz andere Hausnummer.

Er erreichte das Restaurant Einsiedel, fuhr daran vorbei und reduzierte die Geschwindigkeit nochmals. Jetzt schlich er mit 15 km/h dahin. Brambach redete sich ein, er wolle nur den Pokal schonen.

Wieder dachte er über die vergangene Saison nach. Etwa an das Nikolaus-Geschenk: 1:0 gegen die Eintracht, wohlgemerkt: in Frankfurt. Und dann wieder Hannover: der nächste Sieg, zwei Wochen später dann ein weiterer gegen Hoffenheim. Und die Führung gegen Wolfsburg keine zehn Minuten vor Schluss. Dass der Schiri dann meinte, noch vier Minuten draufgeben zu müssen und Wolfsburg in der Nachspielzeit ausgleichen konnte, das war echt nicht fair gewesen.

Genauso wenig, wie es fair ist, diesen Pokal zu verticken. Vielleicht konnte diese Stimme in ihm endlich mal die Klappe halten?

Wenige Minuten später erreichte er die Einfahrt in Richtung Steinbruch. Der Ort der Übergabe. Der Ort, an dem er reich werden sollte.

Zuerst versperrte ihm ein rot-weiß gestreifter Schlagbaum den Weg. Aber es war kein Problem, links daran vorbeizufahren, auch wenn der Weg ein wenig matschig war.

5.000 Euro, dachte er, 5.000 Euro würde er fordern. Mal sehen, wie seine Gegenüber darauf reagieren würden. Neben dem Pokal lag ein gusseisernes Wasserrohr in seinem Anhänger, mit gebogenem Schaft und einem Durchmesser von 1¼ Zoll.

Es war rund 40 Zentimeter lang und an beiden Enden mit einem Gewinde versehen. Immer wieder machte Brambach mit seinem Mofa und dem Anhänger Touren durch Darmstadt, auf der Suche nach Eisen, Alu und anderen Metallen. Die brachten durchaus ein paar Euro ein. Eines der Rohre hatte er aufgehoben, zur Selbstverteidigung. Er konnte es unbeaufsichtigt im Hänger liegen lassen. Seinen Baseballschläger hätte sofort jemand geklaut. In seinem Leben hatte er sich schon manches Mal gegen Menschen wehren müssen, die auch nicht viel hatten, ihm aber das wenige, was er besaß, abnehmen wollten. Das Rohr hatte bei der Verteidigung seiner Habseligkeiten immer wieder gute Dienste geleistet. *Ich bin sicher nicht der Klügste unter der Sonne*, dachte Brambach, *aber ich bin auch nicht naiv*.

Am Anmeldeterminal sollte Brambach auf seine Abnehmer stoßen. Der Begriff war ein wenig hochtrabend. Was die Steinbruchfirma als Terminal bezeichnete, war letztendlich nichts anderes als ein Container. Daneben befand sich die Waage, über die die Lastwagen fuhren. Ein Elektroverteilerkasten hing ein wenig schepp an einem Ausleger. Irgendwie wirkte der Bereich sehr trostlos, und an diesem Sonntag natürlich auch völlig verlassen.

Links neben der Waage sah Brambach den Mann, der ihm den Pokal abkaufen wollte. Er stand neben einem schwarzen BMW-Motorrad mit Beiwagen. Das Kennzeichen konnte Brambach nicht erkennen, weil das Motorrad frontal vor ihm stand.

Der Kerl neben der BMW trug einen schwarzen Lederanzug, einen schwarzen Helm, eine schwarze Sturmhaube, schwarze Stiefel und, welch Überraschung, schwarze Handschuhe.

Das war der Moment, in dem Brambach begriff, dass er nicht nur *nicht der Klügste unter der Sonne* war, sondern vielleicht doch *ganz schön naiv.* Denn das Rohr, dass der *Man in Black* in der Hand hielt, war zwar nicht schwarz, aber etwa doppelt so dick wie jenes, das sich hinter Brambach im Anhänger befand. Und Brambach konnte sich mit einem Mal lebhaft vorstellen, wie er mit diesem Rohr *geblitzdingst* wurde.

Brambach drosselte das Tempo bis zum Stillstand. Der Zweitakter seines Mofas tuckerte brav vor sich hin.

Da standen sie sich nun gegenüber, die beiden Zweiräder. Und ihr Größenverhältnis spiegelte auch ziemlich deutlich die Machtverhältnisse wider. Selbst quer durch den Wald war das Böllenfalltor-Stadion rund 10 Kilometer entfernt. Brambach hatte den in ein Laken eingewickelten Pokal mit mehreren Schnellspannern in seinem Anhänger gesichert. Und sein Mofa war auch deutlich schmaler als dieses fette Motorrad mit Beiwagen. Quer durch den Wald müsste er eigentlich eine Chance haben, dachte Brambach.

Wenn er den Pokal heil ans Böllenfalltor brachte – vielleicht ließen die Jungs vom Verein ja auch ein paar Piepen als Finderlohn springen. Er musste ja nicht sagen, dass er den Pokal selbst geklaut hatte. Den hätte er ja auch irgendwo im Wald gefunden haben können.

Doch zunächst musste er erst einmal von hier verschwinden. Wenn ihn seine Orientierung nicht ganz im Stich ließ, musste er nur geradeaus fahren, auf der Große-Haupt-Schneise. Er konnte auch parallel dazu quer durch den Wald hoppeln. Dabei wäre dann zu hoffen, dass der Pokal nicht allzu viele Dellen abbekommen würde. Aber besser ein lädierter Pokal als ein verschwundener.

Kurz spielte Brambach am Gasgriff. Er legte den Gang ein, ließ die Kupplung schnalzen. Das Mofa bäumte sich auf, dann drehte er nach rechts ab, mitten hinein in den Wald. Dorthin würde die BMW ihm kaum folgen können, ohne dabei den Beiwagen um einen Baumstamm zu wickeln.

Das Mofa gebärdete sich wie ein Pony, das versuchte, die Hindernisse der großen Pferde zu überwinden. Brambach fühlte sich wie auf einem Rodeo oder dem, was er sich unter einem Rodeo vorstellte. Ein Kinderlied fiel ihm ein: „... über Stock und über Steine, aber brich dir nicht die Beine ..."

Brambach war sich nicht sicher, ob die Vordergabel des Mofas ihm diesen Ritt klaglos verzeihen würde, ebenso wie der unter dem Motor entlanggeführte Auspuffkrümmer, aber im Moment war es ihm egal. Es galt, den Pokal zu retten.

Nach mehreren hundert Metern Hatz über die Wurzeln traute sich Brambach, zum ersten Mal in den Rückspiegel zu schauen. Und was er dort sah, gefiel ihm überhaupt nicht.

Entweder hatte der Typ den Beiwagen nur mit drei Schnellspannern an seinem Motorrad befestigt – oder es gab noch einen zweiten Typen auf einer BMW, die durchaus in der Lage war, ihm zu folgen. Und an der war kein Beiwagen angeschraubt ...

Wagner und Stallitzer fuhren von Brambachs Wohnung aus direkt in die Zentrale von Wantrupp & Wantrupp nach Frankfurt. Stallitzer lenkte den Wagen – einen schwarzen Dodge Charger SRT8. Er hatte das amerikanische Modell mit 6-Liter-Maschine und über 450 PS als Dienstwagen durchgesetzt. Mit dem Vorgänger, einem stinknormalen VW Passat, auch noch mit Dieselmotor, hatte er eine Verfolgungsjagd gegen einen Erpresser des FC Bayern München verloren. Der hatte einen Audi S5 Sportback gefahren. Zwar „nur" mit 350 PS, aber damit über 200 mehr als der VW. Keine Chance.

Wantrupp & Wantrupp hatten den Erpresser über das Kennzeichen des Fahrzeugs schon identifiziert – aber sicher nochmal

50.000 Euro ausgeben müssen, bis sie ihn eine Woche später im ostfriesischen Leer dingfest machen konnten. Stallitzer musste einräumen, dass der Charger ein wenig teurer gewesen war, aber man wusste ja nie, wen man noch verfolgen würde.

So genoss Stallitzer eine der Annehmlichkeiten seines Jobs: rund 40.000 Kilometer fuhr er im Jahr mit diesem Wagen, und er hatte noch keinen Kilometer bereut.

Aus den Boxen sangen *Van Canto* – eine A-capella-Hardrockband, die bis auf das Schlagzeug alle Instrumente mit ihren Stimmen imitierten. In diesem Moment erklang der alte Black-Sabbath-Klassiker „Paranoid" aus den Lautsprechern.

„Wir brauchen die Handynummer von diesem Brambach", grummelte Wagner vom Beifahrersitz aus vor sich hin.

Stallitzer nickte nur. Natürlich brauchten sie die Handynummer, so Brambach ein Handy besaß. Aber davon ging Stallitzer aus. Es gab wohl kaum mehr einen Menschen unter 70 und über sieben Jahren in diesem Land, der weder Telefon noch Handy besaß. Und da Brambach kein Telefon hatte, kam nur noch ein Handy in Betracht.

„Hab mir jetzt mein erstes Computerspiel gekauft", verkündete Wagner ganz stolz.

Stallitzer pflegte, wenn er mit 170 über die Autobahn fegte, die Augen nicht von der Straße zu nehmen. Jetzt blickte er für den Bruchteil eine Sekunde lang irritiert nach rechts. „Ein Computerspiel? Bist du krank?" Er selbst konnte dieser Art von Freizeitbeschäftigung nichts abgewinnen – und bislang war er der Meinung gewesen, das wäre eines der wenigen Dinge, die ihn mit Wagner verbinden würden. Wagner war zwar der begnadetste Computer-Crack, den er kannte, von dem er immer den Eindruck hatte, er könne bei einer Festplatte mit bloßem Auge erkennen, was darauf gespeichert war. Aber Computerspiele hielt Wagner bisher für Zeitverschwendung. Er hatte Stallitzer mal erzählt, dass er als Jugendlicher für kurze Zeit ein Rennspiel gespielt habe. Aber als er sich dann richtig mit Hard- und Software beschäftigte, fand er Viren und Virenblocker, Firewalls und Firewall-Knackprogramme viel, viel interessanter als eben Computerspiele.

„Nein, aber jetzt gibt es endlich einen Grund, sich so ein dämliches Spiel zu kaufen."

Stallitzer verstand nicht wirklich, worüber Wagner gerade sprach.

„FIFA 16 – kennst du es?"

Die Frage von Wagner hätte ebenfalls lauten können: *„Wissen Sie, welchen Beinamen der Augsburger Kaufmann Jakob Fugger hatte?"* Das hatte ihn in der Abiturprüfung in Geschichte mal locker einen Punkt gekostet. Die Antwort wäre die gleiche gewesen, wie jene auf Wagners Frage: *woher denn, zur Hölle?*

Stallitzer schwieg, Wagner interpretierte das Schweigen richtig. „Ist eine Fußball-Simulation."

Musste Stallitzer sein Weltbild doch nicht wesentlich korrigieren?

„Und jetzt spielen die Lilien auch dort zum ersten Mal in der 1. Liga. Ist ein wirklich geiles Spiel. Vor vier Tagen habe ich mit den Lilien die Bayern abgezogen: 11:0. Eine kleine Revanche für das erste Spiel in der Regionalliga Süd gegen Bayern München. Saison 1964/65. Da haben die Bayern 10:0 gewonnen."

Stallitzer nickte nur. Er hatte manchmal den Eindruck, Wagner könnte eine Bananenschale auf dem Fußboden sehen und dazu im Kopf die passende Anekdote aus der Geschichte des Darmstädter Fußballvereins parat haben. Es nervte. Er lenkte das Thema wieder auf ihren gemeinsamen Job: „Wenn Brambach ein Handy hat, wie kommen wir an seine Nummer?"

„Ich weiß es noch nicht", sagte Wagner. „Der Kerl scheint völlig außerhalb der digitalen Welt zu leben. Er hat das Mofa versichert, das hab ich ja noch rausfinden können. Aber alles, was darüber hinausgeht?"

Stallitzer lenkte den Wagen auf die linke Spur. Die A 5 war wenigstens vierspurig ausgebaut. Da musste er nicht ständig mit 130 dahinschleichen. „Irgendeine Idee, wie wir dem nicht-digitalen Brambach auf die Schliche kommen sollen? Wir können wohl davon ausgehen, dass er den Pokal hat."

„Klar, er hat den Pokal. Ich hab nur keine Ahnung, wie wir ihn aufspüren sollen. Aber dazu wird mir noch was einfallen." Manchmal wunderte sich Stallitzer darüber, woher Wagner das Selbstbewusstsein nahm. Wahrscheinlich, weil er als Bit-und-Byte-Dompteur so große Erfolge gefeiert hatte.

„Ich frag mich, ob wir über seine Lebensweise an ihn rankommen", überlegte Wagner laut.

Stallitzer zog den Wagen zurück auf die dritte Spur. Im Moment war die Autobahn frei. „Super, und wie willst du das machen? Glaskugel oder so?"

„Genau. Glaskugel. Vielleicht sollte ich meinen Laptop wirklich so nennen." Wagner klappte den Laptop auf seinem Schoß auf. Auch der Zugriff zum Internet war in dem Charger gesichert. Wagner schwieg und klapperte auf der Tastatur herum. Und er schwieg weiter.

„Was machst du da gerade?", wollte Stallitzer wissen.

„Ich guck mir die Delikte an, wegen derer Brambach verurteilt worden ist. Einmal hat er mit einer geklauten Kreditkarte versucht, 15 Kisten Bier zu bezahlen. Keine schlaue Idee."

Stallitzer grinste. Brambach musste wohl einen Kumpel gehabt haben, denn 15 Kisten Bier konnte er in dem Anhänger des Mofas kaum verstauen. Es sei denn, er fuhr sie einzeln nach Hause.

„Dann war Brambach einmal wegen schwerer Körperverletzung für vier Monate im Gefängnis gewesen. War von zwei Typen angemacht worden und hatte deren Beleidigungen mit einem Eisenrohr etwas ruppig quittiert."

„Wozu hat Brambach diesen Anhänger am Mofa?", dachte Stallitzer laut nach. Wagner schien ihn kaum zu hören, wieder klapperte die Tastatur unter seinen Fingern. Er schien ganz versunken in die Welt der virtuellen Informationen. Also dachte Stallitzer schweigend weiter nach.

Brambach war sicher nicht der Typ, der einen Anhänger dafür benutzte, am Wochenende bei Aldi einkaufen zu gehen. Dem der Platz auf dem Gepäckträger oder einer Packtasche nicht dafür ausreichte, um Windeln, Klopapier und Küchenrollen zu transportieren. Der Anhänger diente bestimmt dazu, den einen oder anderen Kasten Bier zu transportieren. Aber irgendwie konnte sich Stallitzer auch nicht vorstellen, dass das alles war. Irgendetwas auf dem Foto, das er in Brambachs Wohnung angeschaut hatte, sagte ihm, dass dieser Anhänger zu dem Mofa gehörte wie ein Vorderreifen. Brambach hatte keine Fotografie seines Fahrzeugs an die Wand gepinnt, sondern ein Bild von sich selbst, dem Mofa – und eben diesem Anhänger. Aber wozu konnte man den gebrauchen?

„Sperrmüll", hörte er Wagner neben sich sagen. „Ich hab gerade darüber nachgedacht, wozu Brambach diesen Anhänger benutzt hat. Wahrscheinlich hatte er im Sperrmüll nach Dingen geschaut, die er noch verscherbeln konnte."

„Altmetall", sagte Stallitzer. „Das bringt mehr, als irgendwelche Röhrenfernseher vom Sperrmüll."

Stallitzer sah aus den Augenwinkeln heraus, wie Wagner ihn anschaute. „Da könntest du recht haben. Brambach fährt mit seinem Mofa von Sperrmüll zu Sperrmüll und schaut, was er an

Altmetall findet. Und, mit Verlaub, er ist ja auch kein unbeschriebenes Blatt. Vielleicht klaut er auch durch die Hintertür beim Schrotthandel, was er dann am Haupteingang wieder verticktk."

„Vielleicht ist er ja in irgendeiner Kundenkartei, bei irgendeinem Schrotthandel. Mit ein bisschen Glück", überlegte Stallitzer.

Wagner sagte: „Sollen unsere Leute mal recherchieren." Und wieder flogen seine Finger über die Tastatur.

Vielleicht waren sie ja doch kein so schlechtes Team, dachte Stallitzer.

Zehn Minuten später stellte Stallitzer den Charger auf dem Firmenparkplatz von Wantrupp & Wantrupp ab. Gemeinsam mit Wagner betrat er das Gebäude, stieg in den Aufzug, und sie ließen sich direkt in die Detektei hinauffahren.

Im Aufzug sah Wagner auf sein Handy. „Wantrupp will uns sprechen", sagte er.

Das war auch so ein Unterschied zwischen ihnen. Wenn Stallitzer von Wantrupp sprach, meinte er grundsätzlich Wantrupp senior. Wagner hingegen bezeichnete bei der alleinigen Nennung des Nachnamens stets den Junior: Michael.

Ob sie es wollten oder nicht: Sie waren ein Team. Also sagte Stallitzer zu seinem Kollegen: „Check du das mit den Altmetall-Händlern. Ich kläre das mit dem Chef."

„Passt", sagte Wagner und verschwand auch schon in Richtung der Rechercheabteilung.

Stallitzer steuerte direkt auf das Büro von Michael Wantrupp zu. Klar, Wantrupp hatte gesagt, er wolle immer über alles informiert werden, und dies bitte zeitnah. „Zeitnah", das war seine Umschreibung für: „Wenn ihr mich nicht augenblicklich über jeden Pups, den ihr macht, informiert, gibt's dicke Ohren."

Er klopfte an der Tür, und bereits während des Klopfens öffnete er dieselbe. Großer Fehler. Parallel zum Aufschwingen der Tür löste sich Michael Wantrupp von einer weiblichen Gestalt in eng anliegendem rosa Kleid.

Stallitzer kannte das weibliche Wesen. Chantal Grünspan. Sie passte zu Michael Wantrupp wie Ketchup zu Pommes, Preiselbeeren zu Hirschragout, oder, um in Wagners Bilderwelt zu bleiben, Bier zum Fußballstadion. Michael Wantrupp hatte Chantal vor ein paar Monaten als seine Verlobte präsentiert. Auf Stallitzer wirkte sie wie eine Marilyn Monroe, allerdings eine mit dem IQ einer Zimmerpflanze. Einer Zimmerpflanze aus Plastik. Womit sie zu Wantrupp junior passte, denn der duldete keine anderen Götter neben sich. Und seinen IQ zu unterbieten, war gar nicht so leicht.

Chantal war aufgebrezelt wie immer. Mondäner, violetter Lidschatten, flankiert von Eyeliner in einer Stärke, die man locker auch mit einer Spraydose hätte auftragen können. Mit der Menge an Rouge, das sie auf ihren Wangen verteilt hatte, ließ sie die Schauspielerin, die für Rotkäppchen-Saft warb, leichenblass wirken. Dazu trug sie einen Push-up-BH und schwarze Netzstrümpfe, deren untere Enden in 10-Zentimeter-High Heels verschwanden. Stallitzer konnte sich ein Grinsen nicht verkneifen. Nicht nur deshalb, weil Chantal wie eine wandelnde Karikatur wirkte. Sondern auch bei dem Gedanken, was Wantrupp senior wohl über seine Schwiegertochter in spe dachte. Als ob Chantal seine Gedanken erriet, zog sie die Nase hoch.

Dies waren Momente, in denen Stallitzer froh war, sich diesbezüglich über eigene Söhne keine Gedanken machen zu müssen. Auch nicht über eigene Töchter und auch nicht Schwiegertöchter oder Schwiegersöhne. Einer jener Momente, in denen er mit sich im Reinen über die Tatsache war, dass er auf dieser Welt keine genetische Hinterlassenschaft zurückließ.

„Hätten Sie nicht klopfen können?", blaffte Wantrupp. Stallitzer gab sich nicht die Blöße, auf diese bescheuerte Frage zu antworten.

„Sie wollten ein Update?", erwiderte er stattdessen.

Chantal runzelte die Stirn und flüsterte in Wantrupps Richtung: „Aber er hat doch geklopft."

Wantrupp ignorierte den Einwurf, sagte nur: „Update."

Stallitzer berichtete kurz, dass sie den Dieb des Pokals schon identifiziert hätten, dass sie bereits in seiner Wohnung gewesen wären, wo er aber nicht mehr war, und dass es etwas schwierig wäre, ihm zu folgen, da er digital praktisch nicht existiere, dass sie aber bereits einen neuen Ansatz hätten und zuversichtlich wären, Ben Brambach – so hieß der Dieb – heute noch persönlich dingfest zu machen. Und damit den Pokal zurück zu seinem Besitzer, dem SV Darmstadt 98, zu bringen.

Wantrupp junior gefiel es sicher nicht, dass seine Chantal applaudierte, ganz ladylike, wie sie sicher dachte: Die Handballen klebten aneinander, während die Fingerspitzen stakkatohaft gegeneinander klopften. Ganz so, wie Chantal wohl dachte, dass eine wahre Dame klatschen würde.

„Also mit solch hellen Köpfen in deinem Unternehmen – da musst du dir über die Zukunft wirklich keine Gedanken machen, Schatz", flötete Chantal.

Stallitzer wusste, dass Wantrupp junior sie in diesem Moment am liebsten aus dem Büro geworfen hätte.

Chantals Wimpern klimperten in Stallitzers Richtung.

„Gut. Machen Sie weiter Ihre Arbeit. Und informieren Sie mich zeitnah", beendete Wantrupp junior das Gespräch. Stallitzer war nicht ganz sicher, ob der forsche Abbruch des Rapports seinem Begehr nach weiteren Zärtlichkeiten mit Chantal geschuldet war oder eher dem Wunsch, Stallitzer aus ihrem Blickfeld zu befördern. Der Detektiv konnte sich abermals ein Grinsen nicht verkneifen, als er die Tür hinter sich schloss.

Chantal Grünspan. Nicht wirklich eine edle Namenskombination. Das hatte allerdings nicht am schlechten Geschmack der Eltern von Fräulein Grünspan gelegen. Die hatten ihre Tochter Gudrun getauft. Gudrun Grünspan – ein kleiner Zungenbrecher, aber in sich doch eine stimmige Kombination. Chantal – das war Gudruns Idee gewesen. Sie hatte mit vollendetem 18. Lebensjahr augenblicklich ihren Vornamen ändern lassen. Wobei sich Chantal/Gudrun bestimmt nicht bewusst gewesen war, dass ihr neuer Vorname auf eine Heilige der katholischen Kirche zurückging. Und Stallitzer war ebenfalls nicht ganz sicher, ob sich der Nachname Wantrupp besser zum derzeitigen Vornamen fügte.

Stallitzer betrat den Bereich der Detektei. Wagner stand hinter einem der Mitarbeiter, der gerade fleißig mit zwei Mäusen und zwei Tastaturen vor vier Monitoren jonglierte.

„Das könnte es sein!", rief Wagner erfreut aus. „Rufen Sie da gleich an!" Dann wandte er sich Stallitzer zu. „Drei Schrotthändler haben wir bereits abgeklappert – sie können sich weder an Brambach noch an sein Mofa erinnern, geschweige denn, dass sie ihn in ihrer Kartei hätten. Aber hier ist noch ein großer Händler aus Büttelborn. Dann haben wir den Umkreis von 20 km um Darmstadt herum abgegrast."

Der Datenjongleur telefonierte gänzlich ohne Telefon. Headset und irgendwelche wundersamen Verbindungen zum Computer machten das Gespräch möglich. „Ja – ja – Brambach, Ben – gern, ich buchstabiere: B-R-A-M-B-A-C-H – tatsächlich?"

Stallitzer und Wagner starrten elektrisiert auf Mister Telefon. Der tippte jetzt eine Ziffernfolge in die Tastatur, die gleichzeitig auf dem Monitor erschien: Es war eine Handynummer. Mister Telefon bedankte sich und beendete das Gespräch. Dann sagte er das, was bereits offensichtlich war: „Ben Brambach liefert seit 15 Jahren regelmäßig Metall an das Unternehmen. Deshalb haben sie ihn überhaupt in ihrer Kartei. Es gibt da immer wieder Leute, die einfach kurzfristig gegen Bargeld ein paar Kupferrohre abgeben, aber Ben Brambach war wohl ein regelmäßiger Lieferant. Immer nur kleine Mengen, aber konstant."

„Wunderbar", sagte Stallitzer.

Er griff nach seinem Handy, tippte die Nummer, die er auf dem Monitor sah, ein. Aber niemand meldete sich. Statt des Freizeichens hörte er nur die Ansage: „Der Teilnehmer ist momentan nicht erreichbar."

Ben Brambach hatte das Handy offensichtlich ausgeschaltet. Stallitzer wandte sich an Mister Telefon – Stallitzer konnte sich einfach nicht an den Namen des jungen Mannes erinnern, weil der erst seit einer Woche angestellt war: „Können Sie das Handy orten? Oder zumindest rausfinden, wo es sich befand, bevor es abgeschaltet wurde?"

Mister Telefon grinste in Richtung Stallitzer und Wagner. „Kriege ich hin. Geben Sie mir ein paar Minuten."

Wagner wandte sich an Stallitzer: „Auch 'nen Kaffee?"

Stallitzer nickte. Er beobachtete Mister Telefon, wie der mit Maus und Tastatur auf mehreren Monitoren unterschiedliche Anzeigen erzeugte. Stallitzer hatte keine Ahnung, was er da gerade sah – Zahlenkolonnen, Tabellen, und auf dem dritten Monitor etwas, was tatsächlich aussah wie die Luftaufnahme eines real existierenden Gebietes. Dort blinkten rote Punkte auf, von denen aus sich konzentrische rote Kreise über den

Monitor ausbreiteten. Dann plötzlich zeigte sich ein grün eingefärbter Bereich.

„Na, da haben wir ihn doch, den kleinen Schlingel", frohlockte Mister Telefon. Er drehte sich zu Stallitzer, deutete mit dem Finger auf den grünen Bereich des Monitors und sagte: „Kennen Sie den Steinbruch zwischen Darmstadt und Dieburg? In diesem Bereich war das Handy zuletzt eingeloggt. Das ist jetzt anderthalb Stunden her. Ihr Herr Brambach bewegte sich davor eindeutig aus Darmstadt an diesen Ort. Entweder hat er das Handy dort ausgeschaltet. Da frage ich mich dann aber, wer schaltet sein Handy mitten im Wald aus? Oder es ist ihm heruntergefallen und final gebrickt worden."

Wenn Stallitzer sich auch in der modernen, digitalen Welt nicht besonders gut auskannte, so hatte er doch den Begriff „gebrickt" schon gehört. *Brick* war Englisch und hieß Backstein. Und in so etwas verwandelte man ein Handy, wenn man es kaputtmachte: Es hatte dann den gleichen Nutzen wie besagter Ziegel.

„Also, wenn ich einer von euch wäre, dann würde ich genau dorthin fahren und mal schauen, ob ich das Handy finde. Oder den Besitzer dazu."

In diesem Moment betrat Wagner wieder das Büro, mit zwei Bechern Kaffee in der Hand.

„Wagner, wir müssen los", sagte Stallitzer knapp. Der nahm das offensichtlich gelassen, stellte beide Becher vor Mister Telefon ab und gemeinsam verließen sie das Büro.

„Na, dann nehme ich wohl besser mein Gefährt", sagte Wagner. Nachdem sie Brambachs Handy geortet hatten, war zumindest sicher, dass es sich nicht unmittelbar neben einer befestigten Asphaltstraße befinden würde. Und da konnte es durchaus von Vorteil sein, wenn man sich mit einem Zweirad fortbewegte.

Im Alter von 25 Jahren hatte sich Wagner den Traum erfüllt, auch noch den Motorradführerschein zu machen. Niemand, keiner seiner Fahrlehrer und keiner seiner Mitschüler in der Fahrschule hatten mitbekommen, dass mancher Schaltvorgang mit dem linken Fuß ihm einen Schmerz durch den Körper jagte, der sich von einem Griff in die Steckdose nur unwesentlich unterschied.

In den späteren Jahren war er immer Auto gefahren, Automatik natürlich. Bis ihn ein Kumpel irgendwann mal darauf hingewiesen hatte, dass es auch Motorräder mit Automatikgetriebe gäbe. Er hatte sich eine 850er Aprilia gekauft. Auf den ersten Blick sowas wie eine Enduro, sogar mit Schalthebel, den man aber nicht benutzen musste. Und auch ohne Kupplungshebel. Konnte Wagner auch gut mit leben.

Obwohl Wagner im Büro tatsächlich einen zweiten Helm für potenzielle Sozius-Fahrer abgelegt hatte, weigerte sich Stallitzer, auf dem – na gut, zugestanden – etwas spartanischen Soziussitz Platz zu nehmen. Stallitzer war in seinen Charger gestiegen und die beiden als Mini-Kolonne von Frankfurt wieder Richtung Darmstadt zurückgefahren.

Wagner fuhr vor Stallitzer. Der mochte der hellere Kopf sein, was die Kombinationsgabe anging. Ja, Wagner wusste selbst, dass er kein Sherlock war. Zumindest nicht im richtigen Leben. In seiner Welt, in jener nicht sichtbaren, oder nur auf Monitoren sichtbaren Welt, da war er der Prinz. Nein, der König. Manchmal sogar der Kaiser. Und im wirklichen Leben? Er mochte sich nicht, wenn er in den Spiegel sah. 25 Kilo weniger – das wäre gut gewesen. Nicht so schwerfällig. Klar, er kannte die Männer, denen das überhaupt nichts ausmachte.

Aber er litt darunter, und er litt besonders darunter, weil er sich nicht so bewegen konnte, wie er sich bewegen wollte. Er hatte es geliebt, das Fußballspiel, das Rennen, das Sprinten. Irgendwann hatte er den Absprung verpasst, als es darum gegangen war, weniger Burger zu fressen. Und nun? Es hatte mehrere Versuche gegeben, wieder Sport zu treiben. Er hatte sich sogar dazu herabgelassen, zu schwimmen. Aber selbst dabei hatte ihn der kaputte Knorpel seines Meniskus deutlich in die Schranken verwiesen.

Nein, er war keiner dieser Typen, die jeden Abend über ihr Leben nachgrübelten. Wahrlich nicht. Aber dann hatte er heute wieder das Bild gesehen, das Bild von ihr.

Wagner seufzte hinter seinem Visier. Er sah in den Rückspiegel. Stallitzers Charger klebte hinter ihm, obwohl die Tachonadel der Aprilia schon 120 zeigte – und das auf einer Landstraße, auf der nur 70 km/h erlaubt waren. Immer, wenn Wagner Gedanken über das Leben quälten, drehte seine rechte Hand den Gasgriff automatisch weiter auf.

Er zügelte sich und bremste das Motorrad ab. In diesem Moment hatten sie das Restaurant Einsiedel hinter sich gelassen. Gleich würde es nach rechts abgehen zum Steinbruch.

Wagner setzte den Blinker und bog nach rechts in den Wald ab. Links und rechts vom Weg zeigte sich ein Parkplatz. Er stoppte das Motorrad. Stallitzer rangierte seinen Charger auf einen der Plätze. Wagner lenkte sein Motorrad neben den Dodge, ließ den Motor aber laufen.

Stallitzer stellte den Motor ab und stieg aus dem Wagen. „Okay, lass uns diesen Brambach suchen", sagte er.

„Und wie willst du das machen? Willst du jetzt zu Fuß durch den Wald stapfen?"

„Das ist eine Option. Hast du eine bessere?"

„Schau mal, Helmut. Brambach ist mit seinem Mofa durch den Wald gefahren. Also muss er da langgefahren sein, wo man mit einem Mofa langfahren kann. Und nicht quer durchs Unterholz. Ich denke also, dass wir mit meinem Motorrad genau die Wege nachfahren können, die er potenziell genommen hat."

„Das heißt, ich soll mich hinten auf dein Motorrad setzen?"

Wagner zuckte nur mit den Schultern. Trotz des Helms auf dem Kopf hörte er, wie Stallitzer seufzte. „Mach mal ein bisschen Platz", grunzte er. Dann schwang er sich auf den Sozius des Motorrads.

Wagner steuerte in Richtung Steinbruch. Unmittelbar hinter dem Parkplatz versperrte ein rot-weißer Schlagbaum den weiteren Durchgang. Für Wagner auf seinem Fast-Enduro-Motorrad war es kein Problem, den Schlagbaum zu umfahren.

Wenige Sekunden später erreichten sie die Wiegestation. Ein grauer Container für die Mitarbeiter, die Waage für die Lastwagen und natürlich dahinter wieder eine graue Schranke, die den Zugang zum Steinbruch versperrte.

„Glaubst du wirklich, dass Brambach hier war?", fragte Wagner. Dann fiel sein Blick, zunächst aus den Augenwinkeln heraus, auf einen Gegenstand am grünen Seitenstreifen des Weges. „Schau mal", sagte er.

Stallitzer fragte: „Was denn?"

Wagner deutete mit der linken Hand auf die Bananenschale, die dort mit der weißen Seite nach oben lag. „Sorry, ich hab mich getäuscht. Ist eine Bananenschale. Sieht aber auf den ersten Blick aus wie das Freistoßspray von Schiedsrichter Robert Hartmann."

„Bananenschale? Freistoßspray – was faselst du da?", fragte Stallitzer.

„2014. Mitte Oktober. Der DFB hat sich dazu entschieden, im deutschen Profifußball das einzusetzen, was in Südamerikas Profiligen schon seit Jahren benutzt wurde: das Freistoßspray."

„Was ist denn das?", wollte Stallitzer wissen. „Viagra für Fußballer?"

„Du guckst echt keinen Fußball! Nie gesehen? Das weiße Spray, das sich nach kurzer Zeit von selbst wieder auflöst. Und bei einem Spiel der Lilien wurde es das allererste Mal innerhalb einer deutschen Profiliga eingesetzt."

„Wow", sagte Stallitzer, aber Wagner ignorierte den ironischen Unterton. Stallitzer konnte es kaum fassen. Eine Bananenschale erinnerte seinen Kollegen an Spray. Hatte er Wagner nicht genau so eingeschätzt? Manchmal hasste Stallitzer es, wenn er recht hatte …

„An dem Wochenende, an dem das Spray das erste Mal zum Einsatz kommen sollte, hat Darmstadt gegen Bochum gespielt. Und in der 7. Minute kam es zum historischen Moment: Aytac Sulu bringt etwa 20 Meter vor dem eigenen Tor den Bochumer Michael Gregoritsch zu Fall. Foul. Gelbe Karte. Freistoß. Und damit zum ersten Mal der Einsatz des Sprays. Die haben an diesem 17. Oktober Fußballgeschichte geschrieben! Der Freistoß hatte zum Glück keine negativen Folgen für unsere Lilien."

Stallitzer schüttelte den Kopf. „Lass uns Brambach finden, Wagner."

„Vielleicht suchen wir erstmal den Steinbruch ab", sagte Wagner zu seinem Sozius. Er wartete keine Antwort ab, sondern bog vor der Straße ab, in die Tiefen des Steinbruchs hinein. Bagger standen dort, Kräne, und auch ein paar Kipplaster. Aber nirgendwo sahen sie Brambachs Mofa oder irgendetwas, was auf Brambach oder sein Gefährt hindeutete.

Stallitzer tippte Wagner von hinten auf die Schulter. Der hielt seine Maschine an.

„Ich glaube, hier unten ist er nicht."

Da hat er wohl recht, dachte Wagner. Er fuhr das Motorrad aus dem Steinbruchbereich heraus. An der Wiegestelle hielt er an.

„Und jetzt?"

Stallitzer antwortete. „Und jetzt fahren wir die Waldwege entlang, und wenn wir dort nichts finden, fahren wir quer durch den Wald. Mit deinem Bike sollte das ja möglich sein."

Wagner kannte sich aus im Wald um den Steinbruch. Er fragte sich, warum die Handyverbindung plötzlich abgebrochen war. Kaum vorstellbar, dass Brambach mitten im Wald sein Handy ausschalten würde. Auf Wagner wirkte das, auch wenn er nicht der Sherlock war, eher so, als wäre Brambach mit seinem Mofa in ein Schlagloch gefahren und hätte sich selbst ausgeknockt. Der Hauptweg hieß Große-Haupt-Schneise. Wagner fuhr ihn bis zum Ende. Aber weder sahen sie Brambachs Mofa auf diesem Weg, noch rechts oder links davon im Gestrüpp. Als die ausgebaute Waldschneise auf die Bundesstraße B26 stieß, hielt Wagner das Motorrad an. Stallitzer stieg ab. Wagner schwang sich ebenfalls vom Motorrad und bockte es auf. Stallitzer sagte: „Paul, fragen wir uns mal, was Brambach hier wollte."

Wagner setzte seinen Helm ab.

„Also, was wollte er hier?"

„Er nimmt den Pokal mit aus seiner Wohnung, fährt mit seinem Mofa in diese gottverlassene Ödnis. Ich meine, es ist Samstag. Hier ist keine Sau. Er fährt hier nicht raus, um den Pokal spazieren zu fahren. Nein, er fährt hierher, um den Pokal irgendjemandem zu übergeben. Wahrscheinlich hat ihm jemand

Geld versprochen, wenn er den Pokal klaut. Und jetzt läuft irgendetwas schief. Brambach ist offensichtlich hierhergefahren, aber nicht mehr zurück. Zumindest sein Handy ist nicht mehr zurückgefahren. Und ich kann mir kaum vorstellen, dass Ben Brambach in irgendeinem Schließfach noch 15 weitere Handys für alle Fälle hat."

„Also?"

„Also ist er irgendwo hier. Und wir müssen ihn finden."

Stallitzer nickte. „Dann lass ihn uns finden."

Wagner setzte seinen Helm wieder auf, Stallitzer schwang sich auf den Soziussitz, Wagner ließ den Motor an. Er lenkte sein Motorrad sofort in den Wald hinein.

Wenn Brambach vor irgendjemandem davongefahren war, so würde er ganz bestimmt kaum quer durch den Wald fahren, sondern zu einem Ort, an dem er auf eine große Straße gelangen konnte, dachte Wagner zumindest.

Er fuhr vorsichtig. Seine Maschine war keine echte Enduro, aber für ein Straßenmotorrad erstaunlich flexibel im Gelände. Allerdings musste er sich ziemlich auf den Boden unter ihm konzentrieren. Er wollte gerade einem dicken Ast ausweichen, als ihm Stallitzer auf die Schulter tippte. Er stoppte das Motorrad.

„Fahr den Weg ganz langsam zurück. Ich schau rechts und links, ob ich ihn irgendwo im Unterholz sehe."

Wagner nickte nur und tat, wie ihm geheißen. Nach gut einem Viertelkilometer tippte ihm Stallitzer wieder auf die Schulter. Dann zeigte er nach rechts in den Wald. „Schau mal. Da."

Wagner erkannte nicht sofort, was Stallitzer meinte, doch dann bemerkte er ebenfalls den Lichtreflex. Wagner setzte wieder den Helm ab. Beide stiegen vom Motorrad und gingen zwischen den Bäumen in den Wald.

Nach wenigen Metern erkannten sie die Lage: Ben Brambach lag in einer Kuhle. Neben ihm lag das Mofa, der Anhänger immer noch angekuppelt.

Stallitzer war zuerst da. Er hockte sich neben Brambach. Der hatte eine blutige Wunde an der Stirn. Brambachs Helm lag im Hänger.

„Was ist denn hier passiert?", fragte Wagner die Bäume.

Stallitzer klopfte Brambach auf die Wange. Der gab einen ächzenden Laut von sich, dann erwachte er.

Er wollte sich aufrichten, aber es gelang ihm nicht. „Wer sind Sie?", murmelte er. „Polizei?"

Stallitzer und Wagner halfen ihm, sich zu setzen.

„Ich bin überfallen worden", sagte Brambach und sah nacheinander Stallitzer und Wagner an. Dann schloss er die Augen, und schien wieder für einen Moment das Bewusstsein zu verlieren.

„Bleib du bei ihm", sagte Stallitzer zu Wagner. „Ich hole den Wagen. Und dann bringen wir den Knaben erst mal nach Hause."

10 Minuten später röhrte der Dodge Charger den Waldweg entlang und kam auf Höhe von Brambach und seinem Mofa zum Stehen. Stallitzer hatte immer eine kleine Notausrüstung im riesigen Kofferraum der Limousine. Ein Bolzenschneider der obersten Preisklasse gehörte selbstverständlich dazu, weshalb die beiden Schranken auch kein wirkliches Problem gewesen waren. Schon auf dem Weg zu Brambach hatte er mit der Zentrale telefoniert und Anweisung gegeben, Brambachs Mofa und dessen Anhänger aus dem Wald zu bergen und in die Lauteschlägerstraße zu transportieren.

Brambach schien wieder einigermaßen klar zu sein. Und Wagner hatte ihm begreiflich machen können, dass sie beide nicht von der Polizei waren und auch kein Interesse daran hatten, Brambach wegen irgendetwas den Behörden zu übergeben.

Stallitzer sprach sich mit Wagner ab. Stallitzer würde Brambach mit dem Dodge nach Hause fahren, Wagner ihnen mit dem Motorrad folgen. „Und Ihr Mofa und der Anhänger, die werden in einer Stunde auch wieder bei Ihnen zu Hause sein", besänftigte Stallitzer Brambach.

„So, Herr Brambach, jetzt erzählen Sie uns doch bitte mal, was mit dem Pokal passiert ist."

Brambach sah beschämt in Richtung Fußraum der Limousine.

„Herr Brambach, wir wissen bereits, dass Sie heute Nacht in der Lilienschänke den Pokal geklaut haben. Wir wissen auch, dass Sie mit dem Ding zu sich nach Hause gefahren sind. Jetzt finden wir Sie hier, Ihr Mofa, Ihren Anhänger – aber keinen Pokal. Also. Was ist passiert?"

Brambach antwortete immer noch nicht, und Stallitzer konnte spüren, wie es in Brambachs Gehirn ratterte und rumpelte und er fieberhaft überlegte, wie er eine halbwegs glaubhafte Geschichte zusammenzimmern könnte, die ihn unbeteiligt erscheinen ließ, oder zumindest so, dass er nichts verbrochen hatte, was strafrechtlich relevant wäre.

„Herr Brambach, nochmal: Wir werden Sie nicht verpfeifen, wir bringen Sie nicht zur Polizei, wir wollen einfach nur wissen: Wo ist der Pokal?"

„Ich weiß es nicht. Da waren die beiden Kerle, jeder auf einer BMW. Und die haben mich verfolgt. Quer durch den Wald. Der eine hat sich dann quer vor mich gestellt, da konnte ich nicht weiterfahren. Der andere hat sein Motorrad direkt hinter mich gestellt, und da saß ich in der Falle. Ich hab den Helm abgezogen, um sie zu fragen, was sie wollen. Da hat der eine mir mit einem Rohr gegen den Kopf geschlagen. Und das Nächste, was ich gesehen habe, waren Sie."

„Und warum sind Sie dann mit dem Pokal hierher gefahren? Oder nein, ich sollte die Frage vielleicht anders stellen." Schon zum zweiten Mal an diesem Tag verließ Stallitzer Pfade der Gewohnheit: Sicher eine ganze Sekunde lang schaute er nach rechts zu seinem Beifahrer. Der lugte sogar zurück. Und Stallitzer konnte in der kurzen Zeit sehen, wie sich das Gesicht von blass zu rot färbte. „Wieviel Kohle haben die Ihnen geboten für den Pokal? Wer hat Sie beauftragt, das Teil zu stehlen?"

„Beauftragt? Niemand hat mich beauftragt."

„Also fahren Sie den Pokal am Steinbruch spazieren?"

„Nein! Ja! Also ja, ich war in der Lilienschänke. Und ja, ich hab den Scheißpokal mitgenommen. Das lag aber nur daran, dass die Kasse leer war. Und dann war da dieser Typ! Gerlinger! Eigentlich sollte die Lilienschänke um diese Uhrzeit leer sein. War sie aber nicht. Und da war ich so sauer, da hab ich halt den Pokal mitgenommen."

Die Art, wie Brambach darüber sprach, ließ Stallitzer vermuten, dass er in diesem Moment nicht log. Und Stallitzer war sich auch nicht sicher, ob Brambachs Intelligenzquotient ausgereicht hätte, wirklich komplizierte Lügen zu erfinden. „Okay, Sie haben den Pokal. Aber wieso fahren Sie mit dem Pokal zum Steinbruch?"

„Na, weil mich der Typ angerufen hat!"

„Welcher Typ?"

„Er hat seinen Namen nicht genannt. Er hat nur gesagt, dass sie mir 2.000 Euro zahlen würden, wenn ich den Pokal zum Steinbruch bringen würde. Da hab ich nicht lang gezögert."

„Und woher hatte der Typ Ihre Handynummer? Das hat *uns* schon eine ganze Menge Arbeit gekostet, die herauszufinden."

Aus den Augenwinkeln sah Stallitzer, wie Brambach mit den Schultern zuckte. „Keine Ahnung. Hab ich auch nicht nach gefragt. Also eigentlich wollte ich denen ja auch den Pokal gar nicht geben. Ich meine, das ist der Bembler-Pokal. Das ist der einzige Pokal, den ausschließlich die Lilien gewonnen haben. So viel hab ich mit den Kickern nicht am Hut. Ich wollt mit dem Mofa durch den Wald flüchten, zurück zum Stadion, denen den Pokal zurückgeben, vielleicht noch ein bisschen Finderlohn kassieren. Aber wie gesagt, die beiden Jungs mit ihren BMWs haben keinen Spaß verstanden."

„Also, Sie wollten quer durch den Wald, und die haben Sie verfolgt."

„Ja. Zuerst habe ich die Maschine ohne Beiwagen gesehen, im Rückspiegel."

„Wie? Die ohne Beiwagen? Eins der beiden Motorräder hat einen Beiwagen gehabt? Wie konnte es denn damit zwischen den Bäumen rumkurven?"

Brambach sagte nichts. Dann murmelte er, kaum lauter als das Säuseln des Motorengeräuschs im Wageninnern: „Weiß ich auch nicht so recht."

„Und wo hatten Sie den Pokal? In Ihrem Anhänger?"

„Klar. Eingewickelt in ein Betttuch und mit mehreren Schnellspannern festgemacht. Dem konnte gar nichts passieren. Nicht mal, als wir quer durch den Wald gebrettert sind."

„Und die BMW mit dem Beiwagen hat sich dann quer vor Sie gestellt?"

„Nein, die andere."

„Aber wenn ich Sie richtig verstanden habe, dann haben Sie die BMW ohne Beiwagen doch im Rückspiegel gesehen?"

Brambach schwieg.

Gut. Dann trat jetzt Verhörmethode Nummer zwei in Kraft. Stallitzer holte tief Luft, und dann brüllte er aus voller Leibeskraft: „Schluss jetzt mit dieser Scheiße! Ich will jetzt wissen, was wirklich passiert ist. Reden Sie, sonst biege ich direkt ab zur Polizei!"

Der Charger hatte inzwischen das Oberwaldhaus hinter sich gelassen und die ersten Häuser von Darmstadt tauchten auf. „Sie entscheiden. Und zwar jetzt."

„Ja, da waren zwei Motorräder. Eins mit Beiwagen. Aber das hat mich nicht verfolgt. Nur die BMW ohne Beiwagen fuhr hinter mir her. Hat mich überholt und sich quer vor mich gestellt. Ich musste bremsen. Dann stieg der Typ ab, nahm sogar den Helm runter. Ich konnte ihn sehen. Da hab ich dann echt Angst gekriegt. Wenn ich den erkenne, dann kann ich ihn beschreiben. Ich dachte schon, der legt mich um. Aber der hat nur gesagt, mit so einer Steve-McQueen-Stimme, ich solle ihm jetzt einfach den Pokal geben, und dann wäre alles gut."

Wieder schwieg Brambach.

„Weiter", blaffte Stallitzer.

„Ach, verdammt. Ich bin runter vom Mofa, zum Anhänger, hab den Pokal abgeschnallt, ausgewickelt, und ihm gegeben. Er setzte den Helm auf, klemmte den Pokal unter den Arm und fuhr mit der BMW durch den Wald zu seinem Kumpel. Nehme ich an. Also er war auf jeden Fall weg."

„Und woher haben Sie dann die Beule? Hat er Sie nicht geschlagen?"

Brambachs Stimme wurde nun noch eine Spur leiser. „Nein. Er hat mich nicht geschlagen. Ich war so stinkig, hab mich so über mich selbst geärgert, dass ich einfach aufs Mofa gestiegen und losgefahren bin. Dann hab ich diesen Scheiß-Ast gesehen. Aber zu spät."

„Dann halten wir mal fest: ein Typ mit einer BMW mit Beiwagen. Schwarz gekleidet. Und noch einer mit einer BMW ohne Beiwagen. Auch in schwarz."

„Ja. Das stimmt so."

„Sicher, dass es BMW-Motorräder waren?"

„Ja. Bei dem einen hab ich das Schild gesehen am Tank. Und beide hatten den BMW-Boxermotor. Den erkenne ich halt auch."

„Kennzeichen?", wollte Stallitzer wissen.

„Nee. Ich hab die beiden Motorräder nur von vorn oder von der Seite gesehen. Und als der Typ mit dem Pokal dann weggefahren ist, hab ich nicht mehr drauf geachtet. Wozu auch."

Stallitzer war inzwischen an der Kreuzung zur Heinheimer Straße angekommen, bog nach rechts ab, dann nach links in die Lauteschlägerstraße. Tatsächlich war ein Parkplatz frei, nur 20 Meter vom Haus entfernt.

„Unsere Kollegen bringen Ihr Mofa und Ihren Anhänger zu Ihnen nach Hause. Ich denke, die sollten in einer Stunde bei Ihnen sein."

Brambach nickte. „Dankeschön. Also danke, dass Sie mich im Wald aufgelesen haben. Danke, dass Sie mein Mofa nach Hause bringen."

Stallitzer griff in die Innentasche seines Jacketts. Zog sein Portemonnaie heraus. Entnahm ihm fünf 100-Euro-Scheine. „Ich könnte mir vorstellen, dass Sie alles, was Sie seit gestern Nacht um 24 Uhr erlebt haben, einfach vergessen. Ist das ein Deal?"

Brambach starrte auf die 100-Euro-Scheine. Tatsächlich gelang es ihm, den Impuls zu unterdrücken, mit der Geschwindigkeit einer Froschzunge nach den Scheinen zu grapschen. „Klar. Kann ich alles vergessen. Hab ich schon vergessen."

„Na, dann sind wir uns ja einig." Stallitzer lächelte sein Wolfslächeln.

Brambach griff in Richtung der Scheine, doch Stallitzer zog sie noch mal 15 Zentimeter zurück, sodass Brambach ins Leere griff.

„Sollte ich jemals hören – und ich habe meine Ohren überall –, dass Sie über das Pokalabenteuer mit jemandem gesprochen oder auch nur geflüstert haben, dann hole ich mir diese 500 Euro mit Zins und Zinseszins zurück. Und Sie kriegen mächtig eins auf die Nase." Das war so etwas wie der Standardtext für zu erkaufendes Schweigen. Und obwohl er nicht dabei gewesen war, war sich Stallitzer sicher, dass Wagner Gerlinger gegenüber etwas Ähnliches gesagt hatte.

Brambach nickte.

„Haben Sie das verstanden?"

Brambach nickte wieder.

„Ich will es von Ihnen hören."

„Ja, das habe ich verstanden. Ich werde mit niemandem über den Pokal reden, und ich werde auch nicht so blöd sein, jemandem zu erzählen, dass ich in die Lilienschänke eingebrochen bin. Hab schon verstanden."

„Na, dann sind wir uns ja wirklich einig", sagte Stallitzer und reichte Brambach die 500 Euro; jetzt mit einem Schafslächeln.

Am Sonntagmorgen hatte Stallitzer sich ein leckeres Frühstück gegönnt. Rührei, Schinken, Tomaten, Mozzarella, Gurken, frische Laugenbrötchen – er liebte diese genüsslichen Morgen, an denen er Zeit fand, die Tageszeitung nicht nur zu überfliegen, sondern sie tatsächlich zu lesen.

Wagner hatte ihn angerufen und ihm mitgeteilt, dass er und der Rest der IT-Abteilung versuchten, die Identität der Motorräder und ihrer Fahrer festzustellen. Es war aber nicht ganz einfach, sonntags an die Aufzeichnungen von Verkehrskameras zu kommen. Wagner bat Stallitzer, gegen 16:00 Uhr im Büro vorbeizuschauen, dann wären sie schon weiter.

Schon um 15:30 Uhr betrat Stallitzer wieder das Gebäude der Zentrale. Mister Telefon hantierte wie gehabt mit Maus und Tastatur auf wie vielen Rechnern auch immer gleichzeitig. Wieder flimmerte über zahlreiche Monitore völlig Unverständliches. Stallitzer konnte sich inzwischen den Namen des Computer-Jockeys merken: Toni Peetz.

Einen Monitor behielt Stallitzer im Blick. Peetz war es gelungen, eine Verbindung zu dem Server mit den Aufzeichnungen der Verkehrsüberwachungskameras in Darmstadt herzustellen. Stallitzer staunte immer wieder, zu welchen digitalen Höchstleistungen Wantrupp & Wantrupp fähig waren. Er war sich nicht sicher, ob sein Unternehmen in jeder Behörde einen Spitzel beschäftigte. Oder ob es ausschließlich das angsteinflößende Können der eigenen Digital-Jockeys war, das die nötigen Informationen in greifbare Reichweite brachte.

Wagner gab Peetz Anweisungen: „Hast du auch einen Zugriff auf die Aufzeichnungen der Kameras von Dieburg?"

„Nein, auf die Dieburger kann ich jetzt nicht zugreifen", antwortete Peetz.

„Verdammt", fluchte Wagner. Vom Steinbruch aus konnte man in zwei Richtungen fahren: in Richtung Dieburg oder eben zurück in Richtung Darmstadt. War die Frage, in welche Richtung die beiden BMWs gefahren waren.

Stallitzer hatte ungefähr mitbekommen, wo das Problem lag: Den Zeitraum, zu dem die beiden BMWs den Wald am Steinbruch wieder verlassen haben mussten, konnten sie ungefähr eingrenzen. Aber danach waren die Motorräder nicht an einer einzigen der Darmstädter Überwachungskameras vorbeigefahren. Da sie keine Ahnung hatten, wer der Auftraggeber war und wohin der Pokal gebracht werden sollte, hatten sie auch keine Ahnung, in welche Richtung die beiden Motorräder gefahren sein konnten.

„Wir machen das anders", sagte Stallitzer. „Sie müssen ja irgendwann zuvor durch Darmstadt gefahren sein."

„Es sei denn, sie kamen über Dieburg zum Steinbruch."

„Paul, ich frage dich, wer kommt von Dieburg über die Landstraße zum Steinbruch? Vielleicht noch jemand aus Babenhausen … Peetz, können Sie auf die Datei des Kraftfahrzeugbundesamtes zugreifen? Gibt es zwei schwarze BMWs, die in Dieburg zugelassen sind? Eine davon mit Beiwagen?"

Peetz nickte. „Klar, kann ich." Seine Finger galoppierten über die Tastatur, zwei der Monitore veränderten die Anzeige im Sekundentakt. Dann sagte er: „Sorry, eine schwarze BMW ist zugelassen. Aber keine mit Beiwagen. In Darmstadt übrigens auch nicht, das habe ich auch schon gecheckt. Keine schwarze BMW mit Beiwagen."

„Scheiße", fluchte Wagner.

„Okay, dann doch die Darmstadt-Methode", sagte Stallitzer.

An einigen Verkehrsknotenpunkten der ehemaligen Residenzstadt waren Überwachungskameras installiert, aber bei Weitem nicht an allen.

Peetz, Wagner und Stallitzer teilten sich auf – jeder behielt einen Monitor mit vier Anzeigen im Blick. Nach einer Stunde hatten sie den aktuellen Tag gesichtet, leider ohne Ergebnis.

„Was machen wir?", fragte Wagner.

Stallitzer dachte nach. „Es gibt nur zwei Möglichkeiten. Entweder die beiden Bikes haben jegliche Verkehrsüberwachung umfahren – dann müssen die beiden unglaubliche Insiderkenntnisse haben, wie man diese Kameras umfahren kann."

„Und die zweite Möglichkeit?"

„Die beiden kommen von außerhalb. Dann können sie allerdings auch schon gestern oder vorgestern angekommen sein."

„Also auch die vorigen beiden Tage angucken?", meinte Wagner.

Peetz schaltete die Anzeigen auf den Monitoren bereits um.

„Gleiche Aufteilung wie eben?", wollte Stallitzer wissen.

Peetz nickte nur.

Und wieder rauschten die Anzeigen der verschiedenen Überwachungskameras vor den Augen der Ermittler vorbei. Hunderte von Fahrzeugen rauschten von links nach rechts, aber keine zwei Motorräder, eines davon mit Beiwagen.

„Pause", sagte Stallitzer.

Auch Wagner und Peetz schienen für die Unterbrechung dankbar zu sein.

Sie genehmigten sich einen Kaffee, einen Schokoriegel und 15 Minuten frische Luft, dann ging es weiter mit den acht Stunden vor der vergangenen Nacht.

Autos, Autos, Autos, Motorräder, Autos, Autos, Autos. Es war ermüdend.

Und dann brüllte Stallitzer: „Stopp! Da sind sie!"

Peetz hatte sofort alle Übertragungen angehalten. Stallitzer deutete mit dem Finger auf eines der Anzeigefenster auf dem Monitor ganz links. „Da!", rief er nochmals.

Auf dem Bildschirm waren die beiden Motorräder gut zu erkennen. Beide schwarz, beide mit dem typischen BMW-Boxermotor. Eines mit einem Beiwagen.

„Ist von EML", konstatierte Wagner. „Der Beiwagen mit diesem typischen Außenscheinwerfer. Die haben viele Gespanne gebaut, nicht nur für BMW."

Stallitzer musste zugeben, dass Wagners Kenntnisse im Motorradbau hier von Nutzen waren. Vielmehr interessierte ihn jedoch die Herkunft der Motorräder. Die Aufzeichnungen der Kamera zeigten die beiden Maschinen nur von vorn. Da war kein Nummernschild zu lesen. „Haben Sie eine Ahnung, wie wir rausbekommen können, woher die Motorräder kommen?"

„Einen Moment", sagte Peetz. Ein paar Klicks später zeigte das Display die Motorräder von hinten, wie sie aus dem Tunnel heraus in die Holzstraße bogen. Peetz fror die Bilder ein. „Da haben wir sie, unsere Babys!", frohlockte er.

Auch wenn Stallitzer sich kein bisschen für Fußball interessierte – dass Darmstadt in die 2. Liga aufgestiegen war, nachdem es noch einen nicht für möglich gehaltenen Auswärtssieg gegen Bielefeld errungen hatte, so viel hatte selbst er schon mitbekommen. Neben Bielefeldern selbst waren die Darmstädter wohl die einzigen Menschen in Deutschland, die sich vehement dafür einsetzten, dass es die Stadt Bielefeld gab: kein Bielefeld, kein Aufstieg. Und die Kennzeichen der beiden Motorräder stammten aus der Stadt der Arminia.

Aber als Grund dafür, einen 20 Jahre alten Pokal zu klauen, mochte diese Tatsache doch wohl kaum herhalten, oder? Selbst wenn der Pokal weg war, änderte das überhaupt nichts daran, dass Bielefeld seinerzeit nicht in die 2. Liga aufgestiegen war. Aber derzeit spielten sie in der 2. Liga – wozu also den Pokal klauen? Das Ganze wurde immer rätselhafter.

Während Stallitzer noch nachdachte, präsentierte Peetz bereits Ergebnisse: „Hier haben wir die Namen der beiden Kerle, auf die die Motorräder zugelassen sind. Jens Halberstädter und Georg Püschel. Wohnen beide auch in Bielefeld. Mitten in der Stadt."

„Können Sie noch etwas über die beiden rausfinden?", wollte Stallitzer wissen.

Peetz sagte nur: „Das geht sicher nicht ganz so schnell. Morgen vielleicht?"

Stallitzer griff wieder zum Notizbuch, notierte die Namen und notierte auch die Adressen. Beide wohnten in der Ritterstraße. Wie passend. Die edlen Ritter auf ihren auserlesenen schwarzen Motorrädern. Das Einzige, was fehlte, war eine Lanze in der Hand, um den Beschützer des Pokals vom Mofa zu stoßen.

Stallitzer sah auf die Uhr. Es war inzwischen fast 18:00 Uhr abends.

„Und jetzt?", wollte Wagner wissen.

„Jetzt fahren wir nach Bielefeld."

Das waren die Momente, in denen Wagner sich eingestehen musste, dass ein Auto wie der Charger für solche Aktionen einfach die bessere Wahl war. Beide hatten stets einen gepackten Koffer im Büro stehen – man wusste nie, wohin man kurzfristig reisen musste. Der Koffer war gepackt sowohl mit Fleecejacke als auch mit Badeshorts, mit langen Unterhosen und mit Boxershorts. Man musste den Koffer nur greifen und konnte an jeden beliebigen Ort der Welt reisen.

Das schätzte Wagner an diesem Job. Im Vorfeld der Weltmeisterschaft 2014 musste er dreimal nach Brasilien, weil der Bau der Stadien einfach nicht so vorankommen wollte, wie er sollte. Und natürlich steckten an vielen Stellen schmierige, korrupte Geschäftspraktiken hinter den Pannen. Die FIFA hatte nicht umsonst Wantrupp & Wantrupp beauftragt, dafür zu sorgen, dass Stadien und Weltmeisterschaft nicht gefährdet werden würden. Was Wagner in diesen Zeiten dagegen wirklich amüsiert hatte, war die Berichterstattung in Funk und Fernsehen. Wie wenig Ahnung hatte die Öffentlichkeit von den wahren Machenschaften hinter den großen Sportveranstaltungen der Welt.

Sie würden die beiden Bielefelder schon finden – und dann natürlich auch herausfinden, wieso diese den Pokal an sich genommen hatten. Letztlich war die Frage immer dieselbe: Wer hatte wofür wieviel bezahlt? Und vor allem: Warum? Wagner konnte sich kaum vorstellen, dass zwei Bielefelder Jungs aus eigenem Antrieb einen Pokal in Darmstadt aus der Lilienschänke herausgeklaut hatten. Niemand wusste doch, dass der Pokal dort sein würde.

Das, so dachte Wagner in diesem Moment, war die eigentliche Frage. War der Diebstahl des Pokals ein Zufallsprodukt? Oder wusste tatsächlich jemand davon, dass der Pokal dort sein würde?

Nun, die Bielefelder würden darauf sicher eine Antwort haben.

Stallitzer fuhr einen heißen Reifen, wie immer, doch Wagner fühlte sich einigermaßen sicher. Er mochte den Kollegen nicht besonders. Es waren die Chefs, die die Teams zusammenstellten. Stallitzer war ein schlauer Kopf, aber er hatte weder etwas mit Computern am Hut noch mit Fußball. Keine gute Voraussetzung auch nur für eine engere Bekanntschaft. Wobei der schlaue Kopf von Stallitzer ohne Fußball und ohne EDV manchmal auf Gedanken kam, die ihm, Wagner, so nicht von selbst eingefallen wären. Also hatte Michael Wantrupp vielleicht doch das richtige Händchen gehabt, als er sie für diesen Fall zu einem Team machte. Wobei Wagner auf Michael Wantrupp auch keine großen Stücke hielt. Und schon gar keine auf seine Marilyn Monroe für Arme.

Wagner fiel in einen Halbschlaf, bis er merkte, dass Stallitzer das Tempo deutlich verringert hatte. Er öffnete die Augen. Vor ihm auf allen Spuren Stau. „Hast du eine Ahnung, was hier passiert ist?", wollte Wagner von Stallitzer wissen.

„Unfall. Du hast ja tief geschlafen. Acht Kilometer Stau haben wir schon hinter uns, noch anderthalb Kilometer vor uns."

„Wo sind wir denn jetzt?"

„Kurz hinter Beckum", sagte Stallitzer.

Wagner sah auf das Navi. Sie befanden sich rund 60 Kilometer südwestlich von Bielefeld. Wagner sah auf die Uhr. Es war 8:30 Uhr. Die fleißigen Sekretärinnen bei Wantrupp & Wantrupp hatten ihnen ein Hotel in der Güsenstraße reserviert. Das lag nur wenige Meter von der Ritterstraße entfernt. Paul Wagner wünschte sich jetzt nur noch eines: Er wollte unter eine Dusche.

Dank Automatikgetriebe fuhr der Wagen trotz des Staus butterweich. Wagner merkte kaum, wie der Wagen beschleunigte oder abbremste. Sie schwammen einfach im Schritttempo-Strom mit. Stallitzer fuhr auf der rechten Spur, unmittelbar neben dem Standstreifen. Die Blechlawine bewegte sich hier auch nicht schneller oder langsamer als auf den anderen Spuren.

Wagner sah in den Rückspiegel. „Ich glaub's ja nicht. Da fährt ein Motorrad auf dem Seitenstreifen." Obwohl er selbst Motorrad fuhr, hasste er es, wenn die Zweiräder auf der Autobahn vermeintliches Recht in Anspruch nahmen, das den Vierrädrigen verwehrt war. „Drecksack", entfuhr es ihm.

Aus den Augenwinkeln nahm er wahr, wie das Motorrad an der rechten Seite vorbeizog. Eine BMW. Eine dunkle BMW. Und schon war sie vorbei. Wagner drückte den Knopf zum

Herunterlassen der Seitenscheibe. Er lehnte sich hinaus. Eine dunkle BMW, mit Bielefelder Kennzeichen.

Wagner hörte das Geräusch, reagierte aber zu spät. Wenige Zentimeter an seinem Kopf vorbei fuhr ein weiteres Motorrad. Auch eine schwarze BMW. Mit Seitenwagen. Und Bielefelder Kennzeichen. „Das sind sie!", rief Wagner aufgeregt.

„Das ist wer?"

„Das sind sie! Das sind unsere Bielefelder Motorradfahrer. Sie sind gerade auf dem Seitenstreifen an uns vorbeigefahren!"

„Nicht im Ernst, oder?"

„Aber ganz im Ernst!"

Wagner betete mehrmals die beiden Kennzeichen herunter. Dann sagte Stallitzer: „Lass gut sein. Das sind unsere beiden Jungs. Aber wieso sind die hinter uns?"

„Na, weil sie, nachdem sie den Pokal eingesäckelt haben, erst nochmal irgendwo was essen gegangen sind!"

Es dauerte noch ein paar Minuten, bis sich der Stau auflöste. Das war der Moment, in dem Stallitzer nur noch eine Spur für sein Fortkommen wählte: die linke.

Bis kurz hinter Gütersloh mussten sie sich gedulden, dann hatte Stallitzer die beiden Motorräder im Visier. Sie fuhren gemächlich auf der mittleren der drei Spuren. Sie waren noch ungefähr 20 Kilometer von Bielefeld entfernt.

„Und jetzt?", wollte Wagner wissen.

„Jetzt nehmen wir Kontakt auf", erklärte Stallitzer.

Er fuhr auf der dritten Spur an den beiden Motorrädern vorbei. Dann setzte er den Blinker und zog vor die BMWs. Gleichzeitig bremste er ein wenig ab. Das Ergebnis: Lichthupe. Dann setzten die beiden Motorräder auf die dritte Spur und zogen an Stallitzer vorbei. Sie setzten den Blinker und fuhren wieder nach rechts auf die mittlere Spur. Stallitzer betätigte die Lichthupe. Nicht einmal. Nicht zweimal, sondern im Stakkato. Dann setzte er den Blinker, scherte wieder aus auf die dritte Spur, zog erneut an den beiden Motorrädern vorbei, um sie dann beim Einscheren regelrecht zu schneiden.

„Bist du völlig meschugge?", kreischte Wagner.

Stallitzer grinste. „Nein. Ich nehme nur Kontakt auf."

Wagners Rechte krallte sich in den Türgriff. Mit der Linken griff er unter den Beifahrersitz. Eine Reaktion, die er von sich selbst nicht gewohnt war. Jedem, der auf seinem Motorrad als Sozius mitfuhr, machte er eindringlich klar, dass er, der Fahrer, die Kontrolle über die Situation hatte. Die alleinige Kontrolle. Und es nützte überhaupt nichts, wenn sich ein Sozius gegen eine Kurve lehnte – das gefährdete nur beide. Was Stallitzers Fahrweise anging, nun, er hätte liebend gern eingegriffen. Die beiden Motorräder nahmen ihn nun in die Zange. Eines fuhr links von ihm, eines rechts. Dann drängten sie ihn ab. Wagner griff mit der Hand an seine Stirn. Kalter Schweiß. So etwas hatte er noch nicht erlebt. Er sah zu seinem Kollegen nach links, doch der schien völlig ruhig zu sein. Der Fuß auf dem Gas sowie die Hände am Lenkrad wurden perfekt von dessen Gehirn dirigiert. Immer wieder bremste er, gab Gas, aber es war eindeutig: die beiden Motorräder wollten den Charger auf die rechte Seite drängen.

Stallitzer grinste.

„Was gibt's denn hier, verdammt nochmal, zu grinsen?"

„Sie drängen uns auf den Parkplatz. Perfekt."

Wagner sah das Schild, das auf den Parkplatz „Obergassel" hinwies.

Knapp 200 Meter vor dem Parkplatz zog die BMW von der linken Spur tatsächlich vor den Charger nach rechts. Stallitzer täuschte noch ein Überholmanöver an, doch Wagner wusste, dass er sich darauf nicht einlassen würde. So fuhren sie tatsächlich nach rechts, auf den Parkplatz.

Der Charger stand bereits. Stallitzer hatte den Motor ausgeschaltet.

Püschel auf der BMW ohne Beiwagen ließ noch ein wenig den Macho raushängen und spielte mit dem Gas. Völlig überflüssig. Völlig unnötig.

Halberstädter hatte sein Motorrad abgestellt. Er kam auf den Charger zu. Klopfte mit der behandschuhten Faust gegen die Fahrertür.

„Gehen wir raus?", fragte Wagner. Der Tonfall war unsicher. Dieser Situation fühlte er sich nicht gewachsen. Er kannte sich aus in den Computerwelten. Mit Konflikten im richtigen Leben kannte er sich dagegen weniger aus. Er sah nach links. Stallitzer grinste breit. Das wiederum hatte eher etwas Beruhigendes.

„Klar steigen wir aus. Lass *mich* reden."

Stallitzer öffnete die Tür und verließ den Charger.

„Ey, Arschloch, was war das denn?" Halberstädter. Der nicht wusste, dass sie wussten, wie er hieß.

Wagner stieg ebenfalls aus. Neben ihm stand Püschel. Er gab einen ähnlichen Text von sich: „Ey, Arschloch, kann dein Kumpel nicht fahren?"

Auf den Jacken der beiden Bielefelder Motorradfahrer sah Wagner das Emblem des Fußballklubs „Arminia Bielefeld": das Fähnchen, das nach rechts flatterte, mit einem schwarzen linken Drittel, dann dem schwarzen A auf weißem Grund und schließlich einem blauen Drittel. Wagner sah zu Stallitzer. Der nahm die Hände in die Höhe, wie der Papst, der den Segen spenden wollte: „Alles locker Jungs, alles easy."

Glaubt der tatsächlich, mit dieser Pseudo-Jugendsprache irgendwas zu erreichen?, fragte sich Wagner.

„Du hast uns abgedrängt, Idiot!"

„Sorry, Folks, war keine Absicht. Ich meine, 'ne BMW mit einem Beiwagen von EML – die dränge ich doch nicht absichtlich ab."

Wagner staunte. Stallitzer hatte keine Ahnung von irgendwelchen Motorrädern oder gar Beiwagen. Er hatte das nur aufgeschnappt, vorhin, als Peetz und er die Motorräder identifizierten. Aber er hatte sich den Firmennamen gemerkt.

„Du kennst mein Bike?"

„Ich erkenne eine R 1000 RT, wenn ich sie sehe. Geiles Bike." Stallitzer wandte sich um, sah nun zu Püschel, der ebenfalls nicht wusste, dass sie seinen Namen kannten. „Ist übrigens auch ein geiles Bike, wenn kein Beiwagen dranhängt."

Püschel trat um den Wagen herum auf Stallitzer zu, sodass der seinen Atem spüren und wahrscheinlich auch riechen konnte. „So einfach kommst du nicht davon, Bürschchen." Er sah auf das Nummernschild des Chargers. „Frankfurter Arschlöcher müssen dafür bezahlen, wenn sie uns abdrängen."

Stallitzer hob die Hände nun nach oben, wie ein Cowboy, der diese Handbewegung noch üben musste und weit von der Perfektion entfernt war. „Alles easy. Ich entschuldige mich ja schon."

Jetzt trat auch Halberstädter wieder näher auf ihn zu. „Für lau geht das nicht!"

„Schon klar", sagte Stallitzer. „War nicht so gemeint. Ihr kommt aus Bielefeld? Wir müssen auch dahin. Vielleicht können wir dann noch ein trinken gehen? Das geht auch auf unsere Kosten."

„Wo geht's denn hin?"

„Ach, Business. Wir sind in so einem Hotel", er wandte sich jetzt Wagner zu, „wo war das doch gleich?"

Wagner spielte mit: „Das Hotel heißt Ravens-Irgendwas. In der Güsenstraße. Keine Ahnung."

„Hey, das ist ja bei uns gleich um die Ecke", grunzte Halberstädter.

Stallitzer grinste schräg. „Na, dann …"

„Der ganze Abend geht auf euch?"

„Der ganze Abend geht auf uns."

„Na, dann fahrt uns mal nach, wir bringen euch direkt zum Hotel."

Ein Irish Pub. Gute Whiskys. Guinness vom Fass. Wagner und Stallitzer hatten sich schon geeinigt. Stallitzer würde fahren. Wenn es noch irgendetwas zu fahren gab.

Die beiden Motorradjungs tranken wenig. Wenn Stallitzer einen kompletten Abend spendiert bekommen hätte – er hätte anders zugelangt. Woraus Stallitzer schloss, dass der Job der beiden darin bestand, oft zu fahren. Und auch dann zu fahren, wenn es kurzfristig eingefordert wurde.

„Ihr habt ein geiles Stadion", versuchte Wagner die beiden zu bauchpinseln, und leerte das erste Glas Guinness fast in einem Zug. Der Plan war einfach: Wagner würde sie ablenken, und Stallitzer schauen, ob der Pokal im Beiwagen der BMW verstaut war. Doch bislang war es noch nicht geglückt, die beiden so in ein Gespräch zu verwickeln, das Stallitzer sich unauffällig hätte absetzen können. Die beiden Jungs hatten Wagner und Stallitzer zum Hotel begleitet, dann waren sie mit den Motorrädern um die Ecke gefahren und hatten die Maschinen vor der Kneipe abgestellt.

Halberstädter schien mit Argusaugen darüber zu wachen, wo Stallitzer und Wagner sich aufhielten. Stallitzer tat so, als hielte er beim Guinnesstrinken fleißig mit, schaffte es aber, das jeweilige Bier den zahlreich platzierten Topfpflanzen zukommen zu lassen.

„Ja. Die Alm ist schon geil!"

Das war eindeutig Wagners Terrain. Bei allem, was Fußball anging, spielte Stallitzer sozusagen nicht in Wagners Liga. Er ging davon aus, dass „Die Alm" der Name für das Stadion in Bielefeld war, denn eine zentrale Kuhweide schien wohl kaum ein touristisches Highlight zu sein.

„Wir haben da schon einige Erfolge gefeiert", postulierte Halberstädter. „Das letzte Mal, dass wir euch eine auf den Sack gehauen haben, ist jetzt auch schon fast zehn Jahre her. 3:0. In der Bundesliga. November 2006!"

Wagner nickte. Stallitzer hatte keine Ahnung, wovon der Typ gerade faselte.

Wagner konterte: „Na ja, ein Jahr später haben wir dann mit 2:1 gewonnen."

„Ist ja schon gut", grummelte Halberstädter. „Lass mal gut sein. Das letzte Spiel haben wir schließlich unentschieden ausgehen lassen. März 2009: 0:0."

Stallitzer war erstaunt. Hatte Darmstadt schon so viele Spiele gegen Bielefeld bestritten? Er hatte keine Ahnung, musste es auch nicht wissen.

„Und dann April '72. Ihr habt von der Eintracht fünf Tore kassiert, fünf Tore. Und selbst nur zwei gemacht. Ich glaube, das waren die meisten Tore, die wir gegen euch hingebracht haben."

Kurz überlegte Stallitzer, wieso die beiden sich jetzt offensichtlich über fußballerische Begegnungen zwischen Bielefeld und der Frankfurter Eintracht unterhielten. Dann fiel der Groschen: Der Charger hatte als Dienstwagen von Wantrupp &

Wantrupp ja ein Frankfurter Kennzeichen. Stallitzer sah, wie Wagner ihm zublinzelte. Hieß übersetzt: Wenn du gucken willst, was im Beiwagen der BMW so rumliegt, dann ist jetzt der richtige Zeitpunkt.

Stallitzer drehte sich zur Seite und vernahm nur noch leise, wie Halberstädter konterte: „Ja, aber drei Tore Unterschied haben wir auch gegen euch schon hingekriegt: 1984 beim 3:0 und 2002 beim 4:1."

Stallitzer ging vor die Kneipe. Die Motorräder von Halberstädter und Püschel standen etwa 50 Meter entfernt. Er ging auf die beiden Maschinen zu. Doch bevor er sie erreichte, hatte sich bereits eine Gruppe von vier Jugendlichen um das BMW-Gespann versammelt.

„Geil!", rief der offensichtlich Jüngste der Gruppe entzückt aus. „Eine R 1000 RT!"

„Cool!", ergänzte ein weiterer.

Stallitzer hielt sich zurück. Sicher würde sich die Clique in einer Minute sattgesehen haben und weiterziehen. Dann hätte er noch die Chance, eventuell einen Blick in den Beiwagen zu werfen. Eine schwarze Abdeckung verschloss die Sitzschale. Stallitzer sah das kleine Schloss, das die beiden Reißverschlussenden zusammenhielt. Er ging ein Stück näher heran, hielt sich aber in einer Toreinfahrt unsichtbar.

„Mein Papa hat so eine gefahren!", gab jetzt der Dritte des Quartetts von sich. „Gleiche Farbe, aber ohne Beiwagen." Er drehte sich ein wenig zur Seite und zeigte auf Püschels Maschine. „Also genau so eine!"

„Meine Eltern hatten eine R 75", meinte sich nun auch der Vierte einmischen zu müssen. Was sollte das werden? Ein BMW-Fantreffen? Konnten die nicht morgen früh wiederkommen?

„Die hatte auch einen Beiwagen, auch von EML. Der war aber viel eckiger. Mein großer Bruder hat immer gesagt, der sieht aus wie ein Kindersarg mit einem Rad an der Seite. Die haben immer die geilsten Gespanne gebaut. Die hatten das richtig gut raus, die Lenkgeometrie gut auszutarieren. Ist ja bei so einem Gespann nicht ganz einfach."

Mach hinne, dachte Stallitzer. Doch das Quartett tat ihm den Gefallen nicht. Sie begafften die beiden Motorräder, als ob sie den Highlights aller Exponate eines Museums huldigen würden.

Um Stallitzer nervös zu machen, bedurfte es einer Menge Stressfaktoren. Aber wenn er noch die Gelegenheit haben wollte, den Inhalt des Beiwagens zu inspizieren, so blieb dafür nicht mehr viel Zeit.

Jetzt erging sich das Quartett in einer Diskussion um Drehmomente, Hubraumgrößen, Hublängen, Leistung in PS, Leistung in Kilowatt, Höchstgeschwindigkeiten, Luftwiderstände und zu guter Letzt den optimalen Reifen. Stallitzer seufzte, dann ging er zurück in die Kneipe. Keine Chance.

Als er an die Theke trat, waren Wagner, Püschel und Halberstädter immer noch sehr ins Gespräch vertieft: „Mitte der 20er im vergangenen Jahrhundert, da haben wir die Alm bekommen. War ein Stoppelacker damals. Bei Regen sammelte sich das Wasser in unzähligen kleinen Furchen. Na ja, das ging dann bis nach dem Krieg so. Euer Stadion ist ja auch 1925 eingeweiht worden, oder?"

„Vier Jahre früher. 1921", hörte Stallitzer Wagner sagen. Dem war inzwischen anzuhören, dass das Bier vor ihm nicht sein zweites Guinness war, und das Glas Whisky daneben bestimmt ebenfalls kaum das erste. Aber Stallitzers Kopfschütteln, das besagte, er habe keinen Blick in den Beiwagen werfen können, quittierte Wagner noch mit einem leichten Nicken.

Eine von Stallitzers hervorstechendsten Eigenschaften bestand darin, völlig unnützes Wissen in seinem Gehirn anzusammeln – allerdings wohlsortiert. Etwa die Antwort auf die Frage: „Wie hieß Caesars Sohn?" Antwort: „Caesarion". Der war jener Nachfolger, den er mit der Königin Cleopatra gezeugt hatte. Stallitzers Gehirn war voll von solchem Wissen, das im Alltag überhaupt nichts nützte. Dazu gehörte auch die Frage, die er einmal bei einer Runde „Trivial Pursuit" gestellt bekommen hatte: „Wann wurde das Waldstadion in Frankfurt eingeweiht?" Die Antwort „1925" hatte er sich gemerkt. Also nicht im Jahr 1921, wie es Wagner gerade behauptet hatte. Aber Stallitzer konnte sich in keinster Weise vorstellen, dass Wagner ein solcher Fauxpas unterlief. Auch nicht, wenn er betrunken war.

„Willst du es mal sehen?", fragte Püschel.

„Was? Das Stadion? Die Alm?"

„Ja, klar. Ich hab einen Schlüssel."

Wagner räusperte sich. „Ihr könnt mir tatsächlich die Alm zeigen?"

„Klar. Ich hab einen kleinen Job bei der Arminia. Kommt, lasst uns aufbrechen. Hier ist's eh nicht mehr lustig."

Stallitzer zahlte die Zeche – kein wirklich großer Posten auf der Spesenabrechnung für diesen Fall. Dann verließen sie zu viert den Pub.

„Ihr findet dahin?", wollte Halberstädter wissen.

„Klar!", erwiderte Wagner.

Zwei Minuten später saßen Wagner und Stallitzer im Charger. Sie gaben das Ziel ins Navi ein. Das Stadion lag keine zwei Kilometer entfernt.

„Sag mal", fragte Stallitzer, „das Waldstadion in Frankfurt ist doch 1925 eingeweiht worden, oder?"

„Ja, wieso fragst du?"

„Na, du hast vorhin 1921 gesagt."

Wagner grinste breit. „Klar. Das von den Lilien. Denn er hat mich ja gefragt, wann *unser* Stadion eingeweiht worden ist, nicht das von der Eintracht."

„Pass auf, ich hab einen Plan", sagte Stallitzer.

„Super. Und der is'?"

„Wir gehen zusammen ins Stadion. Ich sag, ich hab was im Auto vergessen. Dann geh ich raus und schleiche mich zu Halberstädters Motorrad, schaue in den Beiwagen, und mit ein bisschen Glück haben wir den Pokal schon wieder. Auf jeden Fall komm ich dann noch einmal zu euch ins Stadion rein."

„Guter Plan. Guter Plan", sagte Wagner, aber Stallitzer war sich nicht ganz sicher, ob der die Essenz des Vorhabens wirklich begriffen hatte.

Wenige Minuten später erreichten sie den Parkplatz des Stadions von Arminia Bielefeld. Die beiden Biker hatten ihre Motorräder bereits unmittelbar vor dem Eingang abgestellt. Sie standen neben ihren Maschinen und rauchten eine Zigarette.

„So, Kollege, auf in die Arena", brummte Stallitzer.

Wagner nickte. Und irgendein leises Stimmchen in seinem Innern sagte Stallitzer, dass es heute Nacht noch Probleme geben würde...

Halberstädter führte sie vom Haupteingang aus auf direktem Weg auf den Rasen. Sie hatten Glück: Es war eine wolkenlose Nacht, und Sterne und Mond taten ein Übriges dazu, wenn zwar nicht Flutlichtatmosphäre, so doch zumindest eine gewisse Helligkeit zu schaffen.

„Oh verdammt, jetzt hab ich was im Auto vergessen", sagte Stallitzer.

„Was?", wollte Püschel wissen.

„Na, mein Handy. Ich würd schon gern ein paar Fotos machen!", erwiderte Stallitzer.

„Klemm was zwischen die Türen", sagte Halberstädter und Stallitzer nickte nur. Er machte sich auf den Weg, um den Inhalt des Seitenwagens zu begutachten.

„Das ist er. Das ist echt der Rasen, auf dem es passiert ist", sagte Wagner. Nein, vielmehr stammelte er es. Voller Ehrfurcht.

„Na ja, so dramatisch sind die Spiele zwischen uns und euch nun wirklich nicht ausgegangen", sagte Püschel.

„Ich war damals ja leider nicht dabei", seufzte Wagner.

„Wann, damals?", wollte Püschel wissen.

Wagner antwortete nicht. Er zeichnete nur den Weg des Balles mit seinem Blick nach: *ein langer Ball von der eigenen Seite an den gegnerischen Strafraum. Dort nimmt ihn Gondorf mit der Brust an, lässt ihn in Richtung Dominik Stroh-Engel abtropfen, und der bringt ihn aus 18 Metern trocken im Tor der Bielefelder unter.*

„2014", sagte Wagner.

„2014?", fragte Püschel. „Da haben wir doch überhaupt nicht gegen euch gespielt."

„Oh doch, oh doch", singsangte Wagner, und der erhöhte Alkoholkonsum war ihm nun deutlich anzuhören. „Und dann der Beginn eurer Aufholjagd über Burmeister."

Wagner rannte jetzt quer über den ganzen Rasen bis zum Tor auf der anderen Seite.

„Wagner, du hast zu viel gesoffen. Burmeister ist erst seit 2011 bei uns. Der hat nie gegen die Eintracht gespielt!"

„Ach, gegen die Eintracht...", nuschelte Wagner nun. „Schütz trat eine Freistoßflanke in den Gefahrenbereich, wo Burmeister am höchsten stieg und zum 1:2 einköpfte. Nach den Toren von Stroh-Engel und Behrens."

„Wovon redet denn der?", wollte Halberstädter wissen.

„2014? Stroh-Engel und Behrens? Scheiße! Der führt uns gerade unsere größte Niederlage vor Augen!"

„Gondorf macht das 3:1 perfekt. Und Kacper Przybylko verkürzt dann auf drei zu zwei in der 110. Minute." Wagner stand da und starrte ins Leere auf das verlassene Tor, in dem knapp zwei Jahre zuvor jene Bälle versenkt worden waren, die die Lilien aus der dritten in die 2. Liga katapultiert hatten.

„Und dann kam euer da Costa!", blaffte nun Püschel. „Er konnte es ja nicht lassen, in der zweiten Minute der Nachspielzeit der Verlängerung noch einen reinzuballern. Der Schiri hätte schon längst abpfeifen müssen! Schon längst!!"

Wagner hatte sich inzwischen auf den Rasen gekniet, ein großes Taschenmesser gezückt, und schnitt ein Stück aus dem Grün heraus.

„Bist du völlig wahnsinnig geworden? Hast du sie noch alle?" Halberstädter. Der nun zu Wagner sprintete.

„Und Feick hätte ihn 60 Sekunden später noch reinmachen können. Nein, er hätte ihn reinmachen müssen! Aber er trifft ja nur den Pfosten ... "

Wagner hielt sein Stück Rasen selig in die Höhe. Wäre der Kopfball von Feick ins Tor gegangen, das Spiel wäre vier zu drei ausgegangen. Und Bielefeld wäre damit in der 2. Liga geblieben, Darmstadt nicht aufgestiegen. Und das Leben wäre völlig anders verlaufen.

„Wieso hast du ein Frankfurter Kennzeichen, wenn du ein Scheiß-Lilienfan bist?", grunzte Püschel, dessen Weltbild soeben sehr ins Wanken gekommen war.

Halberstädter kreischte: „Leg den Rasen wieder hin! Leg! Den! Rasen! Wieder! Hin!!" Das *Wunder von Bielefeld* war halt nur aus Darmstädter Sicht ein Wunder. Püschel und Halberstädter standen nur noch einen halben Meter von Wagner entfernt. Und Püschel zog sich nun die Jacke aus.

Bielefelder Rasen in der Hand eines Darmstädters – das ging nun wirklich zu weit.

Stallitzer sah auf die Uhr. Es war inzwischen nach Mitternacht. Dementsprechend tummelten sich wenig Menschen auf dem Parkplatz vor dem Bielefelder Stadion. Er ging auf Halberstädters Maschine zu.

Einmal mehr freute er sich, dass der Etat von Wantrupp & Wantrupp auch für kleine Extravaganzen immer ein paar Euro bereithielt. Schon seit er 15 Jahre alt war, trug er immer ein Multifunktionswerkzeug mit sich herum. Ohne Schere, Messer und Schraubendreher fühlte er sich einfach hilflos. Vor fünf Jahren hatte er sich eine professionelle und sehr viel stabilere Ausgabe besorgt und sie von einem Schlosser etwas aufbrezeln lassen. Das wichtigste Element: ein kleiner Bolzenschneider. Der das winzige Vorhängeschloss am Reißverschluss der Beiwagen-Abdeckung durchknipste, wie sein Nagelknipser den Fußnagel seines linken kleinen Zehs. Nach dem Duschen. Stallitzer zog den Reißverschluss auf. Und sah auf einen hochwertigen Sitz, gefertigt aus dunklem Leder. Auf dem lag – gar nichts. Und auch im Fußraum fand sich nichts außer ein paar Dreckkrümeln von Schuhsohlen. Hinter dem Sitz befand sich noch ein Ablagefach. Aber das war zu klein, um den Pokal überhaupt aufzunehmen. Fazit der kleinen Inspektion: kein Pokal im Seitenwagen.

Stallitzer fluchte leise. Er zog den Reißverschluss wieder zu, hängte sogar das ruinierte Schloss wieder an und stapfte dann in Richtung Haupteingang. Er kickte den Türstopper zur Seite.

Als sein Blick auf das Spielfeld fiel, erwartete ihn ein Anblick, der ihn nicht wirklich überraschte. Einer der beiden Pseudo-Rocker stand hinter Wagner, hielt dessen Arme in eisernem Schraubstock, während der andere – er meinte, Püschel zu erkennen – Wagner links und rechts ohrfeigte. Stallitzer sprintete los.

Er rief kein einziges Wort, er brüllte nicht los, er rannte einfach nur auf Püschel zu. Die beiden Bielefelder waren so auf ihren Kontrahenten fixiert, dass sie Stallitzer anfangs gar nicht wahrnahmen. Der hatte inzwischen satt beschleunigt, sprang ab, flog durch die Luft und riss Püschel einfach um. Er rollte sich ab und stand sofort wieder auf den eigenen Beinen – im Gegensatz zu Püschel. „Lass ihn los", fauchte er nur. Er wusste, dass die blanke Drohung nichts bewirken würde. Eins wusste er aber ebenfalls: Wenn es gelang, den Gegner aus dem Konzept zu bringen, dann konnte man sich die erwünschte Verschnaufpause verschaffen. Er hatte keine Lust, sich mit den beiden Bielefeldern zu prügeln. Und mal ganz ehrlich: Vier der fünf Ohrfeigen hätte er Wagner manchmal gerne selbst gegeben. Aber sie hatten eine Mission, sie hatten ein Ziel, und das war das Einzige, was zählte. Deshalb sagte er: „Hier geht es nicht um euren verdammten Fußball, hier geht es um Kohle! Und ihr seid ein paar Hundertern ja wohl nicht abgeneigt, oder?"

Halberstädter ließ Wagner los.

Stallitzer konnte nicht einschätzen, ob dieser die gerade zurückgewonnene Freiheit dazu nutzen würde, nun seinerseits wie ein Stier auf Halberstädter oder Püschel loszuschießen. Er tat nichts dergleichen. Sein Blick wanderte über den Boden, als würde er etwas suchen. Dann überzog ein Lächeln sein Gesicht. Er bückte sich und hob einen Klumpen Rasen auf. Stallitzer sah, wie Halberstädters Augen sich weiteten. Auch Püschel stand inzwischen wieder. Sein Blick war nicht weniger wild.

Stallitzer seufzte. Eigentlich hatte er nur einen Impuls: Wenn die großen Kinder ihren Sandkastenstreit ausfechten wollten, sollten sie es tun. Er war drauf und dran, sich umzudrehen und im Charger auf das Trio zu warten.

Zwei Dinge hielten ihn davon ab: zum einen ihre Pokal-Mission. Zum anderen, dass er keine Lust hatte, dass Wagner nachher sein Auto vollblutete. Er zückte sein Portemonnaie, eine Bewegung, die tatsächlich den Blick der Bielefelder Rowdys auf sich zog. Gut, wenn man einen 500-Euro-Schein in der Tasche hatte. Mit dem erreichte man immer die gewünschte Aufmerksamkeit. „So, Jungs, ihr habt jetzt die Wahl: Entweder ihr versucht weiter meinen Kollegen zu verprügeln, wegen ein paar wertvoller Grashalme, die hier ja offenbar ziemlich selten sind. Dann müsst ihr es allerdings auch mit mir aufnehmen, und das könnte wehtun. Oder wir vergessen den ganzen Mist, fahren zurück in die Kneipe und ich erzähle euch, wie dieser 500-Euro-Schein aus meinem Portemonnaie in eures wandern könnte."

Wagner hielt seinen Rasen nach wie vor in den Händen, schützend, als ob er den heiligen Gral gegen die Ungläubigen verteidigen müsste. Die anderen vier Arme sanken in Normalstellung. Na also. Stallitzer freute sich. Manchmal gab es tatsächlich Argumente, die stärker waren, als der Wunsch, sich zu prügeln.

MONTAG, 21. MÄRZ. ERSTE HALBZEIT

Der Irish Pub hatte sich inzwischen deutlich geleert. Das Quartett saß nun um einen Tisch in einer gemütlichen Ecke. Stallitzer blieb bei Mineralwasser, alle anderen hatten sich wieder Guinness bestellt. „Wieviel habt ihr bekommen, damit ihr den Pokal klaut?"

„Welchen Pokal?", konterte Halberstädter.

Stallitzer sah ihm an, dass es ein letzter, verzweifelter Versuch war, seine Hände in Unschuld zu waschen. Er seufzte. „Ihr wollt jetzt wirklich den unbequemen Weg gehen? Den, auf dem wir euch eure Geschichte Satz für Satz oder sogar Buchstabe für Buchstabe aus der Nase ziehen? Ich würde das gerne anders lösen, auch wenn ihr es mir im Moment nicht wirklich leichtmacht, eure Geschichte *nicht* aus euch rauszuprügeln."

Stallitzer bemerkte sofort, wie sich Halberstädters Augen wieder weiteten. Nach immerhin rund 200 gemeinsam verbrachten Minuten konnte er in Halberstädters Gesicht lesen, wie seine Exfrau Regina im Blick ihres ehemals gemeinsamen Hundes Trixi. Wenn die Hündin beleidigt gewesen war, wenn ihr die Blase drückte, wenn sie hungrig war oder auch nur der Nachbarhund den Radius von 50 Metern Abstand zum eigenen Haus unterschritt – Regina hatte immer sofort Bescheid gewusst.

Stallitzer griff erneut zum Portemonnaie, zog einen 200-Euro-Schein heraus, schob ihn wieder zurück, entnahm zwei Hunderter, fächerte sie auf, legte sie unter den Halter für die Getränkekarte. „So, und jetzt Klartext. Und vergesst irgendwelche Lügenmärchen, wir haben heute auch schon mit Ben Brambach gesprochen. Nur so als kleine Randinformation."

Halberstädter und Püschel kommunizierten noch kurz wortlos mit Blicken. *Sollen wir? Haben wir eine Alternative? Die bei-*

den Hunnies sind leicht verdientes Geld! Hatte er nicht vorhin noch einen Fünfhunderter in der Hand? Wenn wir ihn darauf jetzt ansprechen, haben wir es dann ganz vergeigt? Fängst du an oder fange ich an?

Diesmal begann Püschel: „Einen Tausender. Plus 250 für Spesen."

Als wären Püschels Worte der Startschuss gewesen, sprudelte es nun aus Halberstädter heraus, wie eine Fontäne aus einem Hydranten: „Das war alles so einfach, klang nach wirklich schnell verdientem Geld. Ein Telefonanruf, ein Treffpunkt, ein Vorschuss auf die Kohle, ein Nachschlüssel für das Museum in einem Briefumschlag, zusammen mit dem vierstelligen Code, mit dem man die Alarmanlage ausschalten konnte. Alles ganz easy.

Wir sind also zu dem Museum gefahren, nachts um zwei an die Tür gegangen – und der Schlüssel passte nicht. Er ließ sich nicht mal ganz reinstecken.

Wir hatten eine Telefonnummer, die wir anrufen konnten. Haben wir gemacht. Ich hab noch gefragt, ob wir in das Museum einbrechen sollen. Aber der Typ am anderen Ende der Leitung hat uns gesagt: keine Gewalt. Also dachten wir, das wäre jetzt gelaufen, hatten den Rest der Kohle schon in den Wind geschrieben, als wir die Melodie von diesem komischen Lilienlied hörten. Mitten in der Nacht dröhnte auf uns zu ‚Die Sonne scheint'. Wir dachten, vielleicht feiern da irgendwelche Fans. Und so landeten wir vor der Lilienschänke.

Zum Glück haben wir zuerst ins Fenster geguckt. War ja drinnen hell erleuchtet. Im Innern zwei Dinge, die uns auffielen. Ein Mann mit Bierglas in der Hand, der zu dem Lied tanzte. Und auf einem der Tische – der Pokal.

Das Tempo, in dem der Kerl das Bier in sich reinschüttete, zeigte uns, dass doch noch nicht alles verloren war. Wir mussten einfach nur warten, bis sich dieser seltsame Nachtwächter in den Schlaf gesoffen haben würde. Wir haben uns dann einfach im Außenbereich vor der Kneipe auf eine der Bänke gesetzt. An der Tanke nebenan noch zwei Bier geholt und gewartet."

Püschel wandte sich an Wagner: „Echt, Scheiß-Mucke habt ihr für euren Verein!"

Stallitzer zuckte zusammen. *Nicht schon wieder!* Doch Wagner grinste Püschel nur an: „Aber den Ohrwurm habt ihr dann nicht mehr aus dem Kopf gekriegt, gell?" Es war wohl dem Alkohol geschuldet, dass er etwas zu laut losgrölte: „Die Sonne scheint..."

In der Kneipe tranken nur noch rund 15 Gäste. Aber ein Kleiderschrank in Jeansjacke drehte sich sofort in Richtung Wagner und gellte: „Sind Darmstädter anwesend?"

Wagner schwieg augenblicklich, blinzelte dann Püschel zu.

„Der Pokal?", versuchte Stallitzer, das ursprüngliche Thema wieder aufzunehmen.

Püschels Blick heftete sich auf den 100-Euro-Schein. „Das zog sich über Stunden. Durch den Kerl schien das Bier einfach nur durchzulaufen. Und dann kam dieser Brambach. Er muss durch den Hintereingang reingekommen sein. Wir haben ihn erst gesehen, als er im Schankraum war. Sahen, wie er diesem Typen eine mit dem Baseballschläger überzog, dann die Wirtschaft durchsucht hat und wieder verschwand, aber mit dem Pokal. Wir hatten keine Ahnung, wohin die Hintertür führt. Und als wir das dann herausgefunden hatten, knatterte schon sein Mofa an uns vorbei. Und mit ihm der Pokal.

Bis wir wieder bei den Motorrädern waren, war er weg. Wir riefen also unseren Kontakt an, gaben das Mofa-Kennzeichen durch. Zwei Stunden später hatten wir den Namen und die Adresse. Dann haben wir Brambach angerufen – "

„– und einen Treffpunkt am Steinbruch verabredet. Den Teil können wir überspringen, den kennen wir schon. Wo ist der Pokal jetzt?"

„Es gab einen Treffpunkt. Wir sollten den Pokal nach Wilnsdorf fahren. Das ist bei Siegen. Da ist eine Autobahnkirche, direkt an der Raststätte."

Mit einem Mal war Stallitzer klar, wieso die Bielefelder früher in Darmstadt losgefahren waren und den Charger dann auf der Autobahn überholt hatten. Sie hatten den Pokal unterwegs an einem Übergabepunkt abgeliefert.

„Wir sind da hingefahren. Unser Kontaktmann hat am Telefon gesagt, dass sie gegenüber dem Altar eine Holzkiste hingestellt haben, in die wir den Pokal reinlegen sollen. Dann die Klappe zumachen und mit einem Vorhängeschloss abschließen. Den Schlüssel für das Vorhängeschloss sollten wir dann mit einem Kaugummi unter den Sitzhocker ganz hinten rechts kleben."

„Und das habt ihr so gemacht?"

„Ja. Erstmal haben wir uns ein paar Burger reingezogen, also an der Raststätte, aber dann sind wir den Anweisungen exakt gefolgt. Außerdem haben wir unseren Kontaktmann angerufen, dass der fette Kratzer, der auf dem Pokal war, nicht von uns stammte. Voll über den ganzen oberen Teil. Wahrscheinlich hat Brambach den Pokal einfach in den Anhänger geworfen, als er vor uns geflohen ist. Was für ein Idiot."

Stallitzer erhob sich. „Gut. Dann fahren wir jetzt zu der Kirche."

Püschel hob die Hand, artig, wie ein Erstklässler, der das gerade in der Schule gelernt hat. „Sorry, wenn ich das anspreche – aber ich glaube nicht, dass unsere Auftraggeber das so lustig finden, wenn ihr den Pokal jetzt einfach mitnehmt."

Halberstädter hatte inzwischen einen der beiden 100-Euro-Scheine gegriffen und eingesteckt. Stallitzer war das nicht entgangen, aber es war in Ordnung. Jetzt wussten sie, wo sich der Pokal befand. Wenn sie ein bisschen Glück hatten.

„Wir machen Folgendes: Wir setzen uns ins Auto und fahren zu der Kirche. Wenn der Pokal noch da ist, nehmen wir ihn mit, und jeder von euch bekommt 1.500 Euro. Also wohl ein bisschen mehr, als euch die anderen gezahlt hätten."

Zwischen Halberstädter und Püschel entfachte sich wieder ein Blick-Feuerwerk. Dann sagte Halberstädter: „Wenn wir dahinfahren, und der Pokal ist da, und ihr nehmt den mit, dann sind wir verbrannt. Dann kriegen wir aus dieser Quelle nie wieder irgendeinen Auftrag."

Stallitzer stand auf, nahm aus der Geldbörse einen 20-Euro-Schein und legte ihn auf den Tisch. Inzwischen hatte auch Püschel begriffen, dass er den Hunderter einstecken durfte, was er blitzschnell tat. Den Zwanziger ließ er liegen. Dass damit die Rechnung beglichen werden sollte, war auch ihm klar.

„Ich und Wagner fahren jetzt zu der Kirche. Ihr könnt mitkommen und die Kohle einfahren, wenn wir den Pokal finden. Ihr könnt aber auch hierbleiben und nichts bekommen." Paul Wagner erhob sich ebenfalls.

Zwei Minuten später saßen alle vier im Charger.

Stallitzer brauchte für die 200 Kilometer nur ein bisschen mehr als eine Stunde. Er fühlte sich wie ein Taxifahrer. Auf dem Rücksitz schnarchten Wagner und Püschel in plötzlich trauter Einigkeit, auf dem Beifahrersitz schlief Halberstädter völlig geräuschlos.

Die Kirche war von der Autobahn aus bereits zu sehen. Angestrahlt ragte die Silhouette in den Himmel. Sie war schon ein paar Kilometer vorher auf einem Hinweisschild angekündigt worden. Auf den ersten Blick wirkte die Geometrie der Kirche genauso wie das weiße, stilisierte Kirchenlogo auf dem Hinweisschild. Allerdings veränderten sich die Proportionen, als sie der Kirche näher kamen, da sich Stallitzers Perspektive änderte.

Stallitzer fuhr von der Autobahn ab. Die Zufahrt zum Autohof und damit auch der Weg zur Kirche führte über einen längeren Zubringer. Stallitzer musste noch zwei Kreisel durchqueren.

Der Parkplatz für die Lastwagen war vollbelegt. Auch der Parkplatz für die PKWs war gut gefüllt. Stallitzer stellte den Wagen ab und machte den Motor aus. Für Halberstädter genügte das schon, um aufzuwachen. Den Gästen auf dem Rücksitz mussten erst die Türen geöffnet werden. Stallitzer rüttelte Wagner wach, Halberstädter seinen Kompagnon.

Das Quartett ging auf die Kirche zu, wobei Wagner mehrfach gähnte. Aus dieser Blickrichtung wirkte die Kirche nicht mehr wie ein überdimensionales Kirchenlogo. Auf Stallitzer machte es eher den Eindruck, als hätte jemand beim Falten eines Origamis die Geduld verloren und das halbfertige Ergebnis einfach fallen lassen.

Ein Steg führte auf das Portal der Kirche zu und verengte sich zum Eingang hin. Als Stallitzer als Erster in den Kirchenraum trat, war er überrascht. Der Raum hatte so gar nichts gemein mit dem nüchternen, zugespitzten Äußeren. Die gesamte Innenfassade der Kirche war mit Holz verkleidet, genau genommen mit groben Spanplatten.

Der Altar bestand aus einem simplen Massivholztisch, dahinter an der Wand strahlten ein paar Spots ein großes, aber schlichtes Kreuz an. Die Bestuhlung bestand nicht aus Kirchenbänken, sondern aus einzelnen Holzquadern, wie der Altar ebenfalls in massiver Bauform.

Sie waren die einzigen Menschen in dieser Kirche. Stallitzer sah sich um. Außer Altar und Kirchenbänken stand nur noch ein Rednerpult für einen Pfarrer im Raum, sowie ein längliches Podest mit mehreren Stufen, auf denen ein paar Teelichter brannten. Am Ende des Raumes gegenüber dem Altar befand sich noch ein Stehpult. Darauf lag ein Buch. Stallitzer ging darauf zu und beugte sich darüber. Vor ihm lag ein sogenanntes Anliegenbuch. Jeder konnte dort hineinschreiben, Gebete, Wünsche, Hoffnungen – oder einfach nur einen persönlichen Eindruck zu der Kirche. Stallitzer wandte sich ab, sah zu Halberstädter: „Also? Wo ist die Kiste?"

Halberstädter deutete mit dem Kinn auf eine der Seitenwände. „Da stand die Kiste." Stallitzers Augen folgten Halberstädters Blick. An der Wand war der Pressspan in derselben Wabenstruktur angeordnet, wie in der gesamten Kirchenkuppel. Aber da stand wirklich nirgends eine Kiste. Der Pokal war weg. „Super. Und wo findet ihr die zweite Rate von eurem Lohn?"

Püschel steuerte schnurstracks auf den Sitzquader hinten rechts zu und wollte schon unter die Sitzfläche greifen. „Stopp", rief Wagner, der begriffen hatte, dass ihre Mission leider noch nicht beendet war. „Nichts anfassen!"

Püschel blieb tatsächlich stehen und deutete nun nur noch mit dem Zeigefinger auf den entsprechenden Quader. Wagner ging auf die Knie, schaute unter die Sitzfläche, erhob sich wieder, entnahm seiner Jacke ein paar Einweghandschuhe und zauberte unter der Sitzfläche einen Briefumschlag hervor. Er griff abermals in die Jackentasche, entnahm ihr ein Papiertütchen, ließ den Umschlag hineingleiten und verschloss die Tüte.

„Sag mal, bist du noch ganz dicht?", ereiferte sich Püschel. Bevor Wagner irgendetwas antworten konnte, meinte Stallitzer: „Wieviel Kohle ist da drin?"

Halberstädter schien zu kapieren, worum es ging. Er sagte nur: „1.000".

Stallitzer zog sein Portemonnaie aus der Innentasche, entnahm ihm zwei 500-Euro-Scheine, ging auf Halberstädter zu, drückte ihm die beiden Scheine in die Hand.

„Danke", sagte der. Stallitzer setzte sich auf einen der Quader, bedeutete Wagner mit einem Blick, sich neben ihn zu setzen. Halberstädter und Püschel blieben stehen und sahen Stallitzer fragend an.

„Ihr dürft euch auch setzen", meinte Stallitzer und unterstrich die Aussage mit einer ausladenden Handbewegung. „Sucht euch ein Plätzchen aus."

„Wollen wir nicht zurück nach Bielefeld fahren?", intervenierte Püschel.

Stallitzer antwortete nicht, sondern brachte Püschel mit seinem Blick zum Schweigen.

Die beiden Bielefelder setzten sich Stallitzer und Wagner gegenüber.

„Wie nimmt man Kontakt mit euch auf?", wollte Stallitzer wissen.

Püschel sagte nichts, sah Halberstädter an. Der richtete den Blick auf Stallitzer, antwortete aber nicht.

„Klartext, Jungs. Wir beide brauchen den Pokal. Da gibt's nichts drüber zu diskutieren. Und wir werden alles tun, damit wir ihn bekommen. Bisher haben wir uns freundlich unterhalten – und wenn ich mich recht erinnere, war das auch finanziell nicht zu eurem Nachteil." Stallitzers Blick wanderte zwischen Püschel und Halberstädter hin und her, richtete sich dann aber wieder ausschließlich auf den klügeren Kopf der beiden. „Wir können das hier ganz friedlich hinter uns bringen, wozu ich momentan noch tendiere. Und ich sage es nur einmal – welch Ironie: Ich wiederhole mich nicht gern. Also: Wie nimmt man Kontakt zu euch auf?"

Halberstädter seufzte. „Wir werden angerufen. Von einer unterdrückten Nummer. Es gibt ein Codewort, durch das wir wissen, worum es geht."

„Und das Codewort heißt?"

Halberstädter hatte kapituliert. Ohne Pause und ohne die Stimme auch nur um einen halben Dezibel zu senken, sagte er: „Blaubeerpfannekuchen."

Wagner lachte kurz auf, ein Blick von Stallitzer brachte ihn zum Schweigen. „Und dann?"

„Der Mann am anderen Ende sagt uns, worum es geht, nennt die Kohle, nennt den Termin – und wir sagen, ob wir das machen können."

„Und dann bekommt ihr für den Job eine Telefonnummer, richtig?"

„Ja."

„Und die lautet für diesen Job?"

„Die ist jetzt schon tot", sagte Halberstädter. „In dem Augenblick, in dem der Job erledigt ist, gibt es die Nummer nicht mehr. Alles Wegwerf-Handys."

„Die Nummer."

Halberstädter holte sein Smartphone aus der Tasche, wischte zweimal über das Display, dann zeigte er sie Stallitzer. Der schaute auf die Nummer und brannte sie in sein Gehirn. Zum Glück war er darin gut: Dinge auswendig lernen, sich Texte im Wortlaut merken – eine seiner Stärken. Nicht zuletzt deshalb hatte er im Schülertheater auch die Rolle von Shakepeares *Hamlet* gespielt.

„Wie lange macht ihr das schon?"

Halberstädter sah zu Püschel, der zuckte aber nur mit den Schultern. Dann zeichnete sich ein breites Lächeln auf seinem Gesicht ab. *Die Sonne scheint*, dachte Stallitzer. „Seit dem 11. Mai 2013", sagte er.

„Aha", kommentierte Stallitzer die präzise Erinnerung. Nun grinste auch Halberstädter.

„Stimmt, stimmt", lachte nun auch Wagner. „Da war doch was."

Das Lächeln der beiden Bielefelder fror ein.

Wagner erklärte: „37ster Spieltag der Saison 2012/13. Auf der Alm. Gegen", er zögerte nur kurz, „Osnabrück. 1:0 für Bielefeld. Danach waren sie in der 2. Liga." Inzwischen hatte sich auch in Stallitzers Gedächtnis eingebrannt, ob er es wollte oder nicht, dass Darmstadt ein Jahr darauf durch das gewonnene Relegationsspiel gegen Bielefeld ebenfalls in die 2. Liga aufgestiegen war. Und Bielefeld wieder der 3. Liga Hallo gesagt hatte. Aber das sagte Stallitzer nicht. Jeder im Raum wusste es ohnehin.

„Da hat uns dieser Typ angesprochen. In der Halbzeitpause. Stand die ganze Zeit neben uns. Das Gesicht war mir bekannt. Er hatte bei einigen Spielen in derselben Ecke gestanden wie wir. Fragte, ob wir uns vorstellen könnten, ab und zu mal Kurierfahrten zu übernehmen. Keine Drogen, aber gute Bezahlung. Na ja, es ist bisher immer völlig problemlos über die Bühne gegangen. Heute ist der erste Tag, an dem wir deshalb Schwierigkeiten bekommen."

„Super. Danke", sagte Stallitzer und erhob sich. „Macht's gut, Jungs." Mit diesen Worten stapfte Stallitzer in Richtung Ausgang. Wagner stand ebenfalls auf.

„Ey! Hallo!", rief Püschel. „Wollt ihr uns nicht mitnehmen?"

„Wenn ihr nach Frankfurt wollt, dann gerne."

„Ihr fahrt uns nicht zurück?", fragte Halberstädter.

„Nein. Ihr könnt trampen, euch ein Taxi nehmen, oder mit uns nach Frankfurt fahren – dann setz ich euch am Hauptbahnhof ab."

„Arschlöcher!", hörte Stallitzer Püschel noch kreischen, als sie durch den Ausgang die Kirche verließen. Aber die beiden Bielefelder folgten ihnen nicht.

Wagner war todmüde. Zwar hatte er auf der Rückfahrt in Stallitzers Wagen geschlafen, aber erholsamer Schlaf war etwas anderes – zumal er doch etwas zu viel getrunken hatte. Sie waren direkt zur Zentrale gefahren. Bei Wantrupp & Wantrupp gab es ein Gästezimmer mit drei Betten und sogar einem kleinen Badezimmer. Dort hatte er noch zwei weitere Stunden geschlafen, aber gleichermaßen mit Unterbrechungen, denn Stallitzer hatte ihn immer wieder angestoßen und damit geweckt, weil er angeblich schnarchte.

Zwei Stunden hatte Wagner inzwischen an seinem Schreibtisch und im Labor verbracht. Er hatte den Briefumschlag untersucht, ebenso die Geldscheine, die er dem Briefumschlag entnommen hatte. Aber er konnte an keiner Stelle auch nur den Hauch eines Fingerabdrucks oder eine andere relevante Spur entdecken. Wer auch immer das eingefädelt hatte, er war Profi.

Nun saßen sie zu dritt in Michael Wantrupps Büro: Wantrupp, Stallitzer und er selbst. Chantal kam mit einem kleinen Tablett herein, darauf drei Becher mit Kaffee. Den Becher mit Smiley auf der Seite stellte sie vor Michael Wantrupp ab – unpassender ging es kaum – die beiden anderen Becher waren für Stallitzer und ihn bestimmt. Stallitzers Becher zierte ein Porträt von Kermit, dem Frosch. Auf der Tasse, die Chantal vor Wagner abstellte, war ein Gartenzwerg abgebildet, der eine leere

Schubkarre vor sich herschob. Definitiv kein Porzellan aus der Goldrand-Serie von Rosenthal.

„Also stehen wir wieder ganz am Anfang?", zischte Wantrupp junior.

„Nein, nicht ganz." Stallitzer blieb ganz ruhig.

„Aha. Ich formuliere das mal so: Wir haben einen Einbrecher, der den Pokal geklaut hat. Und dem wurde der Pokal durch andere Ganoven abgenommen. Und die haben den Pokal jetzt an Ganoven Nummer drei übergeben. Und wir haben: gar nichts! Überhaupt nichts! Keine Fingerabdrücke, keine Telefonnummern, die uns irgendwie weiterführen, geschweige denn die Täter oder den Pokal!" Das Wort Pokal hatte Michael Wantrupp so laut gebrüllt, dass die Tasse in Wagners Hand vibrierte und Chantal zusammenzuckte.

„*Facta loquuntur!*", brüllte Wantrupp weiter.

Stallitzer übersetzte im Stillen: „Tatsachen sprechen für sich." Und ergänzte in Gedanken: „*Omnia aequo animo ferre sapientis est.*" – *Es ist ein Zeichen von Weisheit, alles gelassen zu ertragen.* Nun ja, Weisheit stach unter den Eigenschaften ihres Chefs nun nicht gerade hervor.

Stallitzer ignorierte den Ausbruch und sagte mit gewohnt leiser Stimme: „Es gibt ein paar Dinge, die sind sehr wohl klar: Diesen Pokal hat nicht irgendein Witzbold aus Jux und Tollerei gestohlen, damit er ihn sich zu Hause ins Wandregal stellen kann. Jemand hat den Auftrag dazu gegeben, jemand, der anonym ist und der öfters Aufträge erteilt. Wir können also davon ausgehen, dass keine Privatperson diesen Pokal haben möchte, sondern irgendeine Organisation. Auf jeden Fall irgendjemand, der richtig Kohle hat. Das, was die allein den Bielefeldern bezahlt haben, damit sie den Pokal klauen, übersteigt den Wert des Pokals um ein Vielfaches."

„Und das heißt?", blaffte Wantrupp.

„Das heißt, dass sich hier kein Offenbacher oder Frankfurter Fan einen Spaß erlaubt. Und auch kein Fußballklub. Die haben wirklich Besseres zu tun, als Tausende von Euros für den Diebstahl eines Pokals auszugeben, der noch nicht mal für die Darmstädter einen hohen Wert besitzt."

Nun schaltete sich auch Wagner ein: „Da hat er recht. Die Eintracht-Fans klauen zum Beispiel eine Fahne, oder es gelingt ihnen, ein Banner zu ergattern. Und das wird dann, wie sie es ja gemacht haben, im Stadion angezündet. Das ist das Niveau, auf dem sich solche Rivalitäten bewegen. Aber die können wohl kaum mit dem Pokal ins Stadion marschieren und ihn öffentlichkeitswirksam gegen den Zaun donnern, bis er kaputt ist. Das funktioniert nicht. Und außerdem, wie Stallitzer schon sagte, ist das alles viel zu teuer."

„Also?" Chantal hatte sich hinter ihren Verlobten gestellt und begann nun, dessen Schultern zu massieren.

„Wenn wir die ganzen Scherzkekse jetzt ausschließen können, dann haben wir jemanden, der richtig Geld hat, und es richtig ernst meint. Jemand, der den Lilien definitiv schaden will: kein Pokal, kein Museum. Oder, im nächsten Schritt: kein Pokal, keinen Hauptsponsor mehr. Präsident Rosen hat sehr deutlich gemacht, dass der Chef von Bembler *sehr* leicht *sehr* beleidigt sein kann. Den Pokal zu klauen, ist aus dieser Perspektive betrachtet eine der billigsten Möglichkeiten, den Hauptsponsor zu verletzen und dem Verein finanziell wirklich zu schaden. Also sollten wir jetzt rauskriegen, wer sich in den vergangenen Monaten und Jahren damit hervorgetan hat, den Lilien Böses zu wollen. Wer will diesen Verein sabotieren? Also so richtig sabotieren. Nicht nur ein bisschen."

„Gut", sagte Wantrupp. „Aber vergesst nicht, bereits Cicero hat gesagt: ‚*Nullum erit tempus hoc amisso*'. Los geht's!" Michael

Wantrupp wedelte mit den Händen in Richtung Ausgangstür. Die Audienz war beendet.

Stallitzer war nicht entgangen, wie sich Wantrupp nach hinten mit den Schultern an den üppigen Busen seiner Frau in spe gepresst hatte. Das erklärte auch, wieso sie jetzt verschwinden sollten. Dieser Mann war einfach nur unerträglich.

Als sie vor dem Büro standen, fragte Wagner: „Was hat dieser Cicero gesagt?"

„*Dass das die letzte Chance ist, die wir nicht verpassen sollten.*"

„Und was machen wir jetzt?"

„Du hast frei. Und ich schau mal, ob ich nicht noch ein paar andere Quellen anzapfen kann."

„Wunderbar. Dann komm ich nochmal mit dir ans Auto."

„Hast du was vergessen?"

„Ja. Da liegt noch die kleine Tüte mit dem Bielefelder Rasen."

Stallitzer saß in seiner Wohnung, aus den Lautsprecherboxen drang leise Musik. Meist hörte er Klassik, ganz besonders, wenn er nachdenken musste. Im Moment musste er das nicht, aber die ruhige Musik entspannte ihn. Er hörte die siebte Sinfonie von Beethoven. Vor einer Minute hatte der ruhigere Teil des Allegretto begonnen.

Unmittelbar nach dem Gespräch mit Wantrupp hatte Stallitzer Rosen angerufen und ihm unverblümt gesagt, dass sie derzeit in einer Sackgasse steckten. Knapp unterrichtete er ihn über den bisherigen Ermittlungsstand. Zwar habe er einige Überlegungen, wer hinter dem Diebstahl des Pokals stehen könnte – aber vom Pokal selbst fehlte derzeit jede Spur. Zudem hatte er auch Rosen klargemacht, dass hier kein Feierabenddieb mal eben ein bisschen Beute gemacht hätte, sondern dass der Raub organisiert gewesen wäre. Und dass er, Stallitzer, davon ausging, dass der Strippenzieher dem Verein richtig schaden wollte. Deshalb wäre es gut, wenn er sich mit jemandem aus der Fanszene unterhalten könnte. Schon am Telefon hatte Stallitzer gemerkt, dass die Idee, noch jemandem vom Diebstahl des Pokals zu erzählen, Rosen überhaupt nicht schmeckte – wie er es schon am Vortag deutlich gemacht hatte. Sie waren so verblieben, dass Rosen sich am frühen Abend wieder melden würde.

So saß Stallitzer in seinem bequemen Sessel und ließ Beethovens Musik auf sich wirken.

Nachdem der letzte Ton des Allegrettos verklungen war, vibrierte sein Handy.

Rosen war am Apparat. Er schlug vor, sich gemeinsam mit einer Person seines Vertrauens in einem Restaurant zu treffen. 20:00 Uhr, der Italiener beim Woog – da wäre man ungestört.

Stallitzer sah auf die Uhr. Wunderbar. Dann konnte er noch eine Stunde lang Musik hören. Vielleicht etwas Beschwingteres. Er ging zum CD-Spieler, warf Beethoven raus und legte seine Lieblingseinspielung der vier Jahreszeiten von Vivaldi in die Schublade – mit Anne-Sophie Mutter in der 1999er Einspielung der Deutschen Grammophon.

Rosen stellte Stallitzer den jungen Mann als Ludwig Trautmann vor. Für einen echten Darmstädter war Ludwig – neben Heiner – wohl der lokaltypischste Vorname von allen: zehn der 14 Landgrafen und Großherzöge hatten auf diesen Vornamen gehört. Eine Zahl, derer sich Stallitzer in den passenden und unpassenden Momenten erinnerte. Ludwig Trautmann war rund 1,80 Meter groß und wirkte durchtrainiert. Er hatte einen kräftigen Händedruck. Mit tiefer Stimme begrüßte er Stallitzer.

„Ich habe Ludwig vom Diebstahl des Pokals erzählt. Wir können also offen sprechen", sagte Rosen.

Stallitzer nickte. „Wunderbar, das macht die Sache einfacher."

Die Bedienung kam an den Tisch, eine hübsche junge Frau. Sie war die Tochter der Inhaberin. Rosen bestellte eine Flasche Rotwein und zwei Flaschen Wasser.

Zunächst studierten die drei Männer schweigend die Speisekarte. Stallitzer bestellte sich einen Meeresfrüchtesalat, Rosen ein Rumpsteak und Trautmann eine Pizza mit so ziemlich allem darauf, mit dem man eine Pizza sinnvoll belegen konnte.

Rosen schenkte jedem ein Glas Wein ein. Dann sah er zu Ludwig Trautmann: „Vielleicht stellst du dich Herrn Stallitzer selbst vor?"

Trautmann nickte. „Klar. Also wie ich heiße, das wissen Sie ja schon. Ich bin jetzt 30, und seit 16 Jahren eingefleischter Fan der Lilien. Bis 1993 spielten die Lilien noch in der 2. Liga. Bis sie dann ab 1993 nach 22 Jahren Profifußball wieder drittklassig in der Oberliga Hessen spielen mussten. Ich kannte den Verein also nur aus dem Fußballkeller. Was habe ich trotzdem jede Saison mitgefiebert."

Stallitzer nickte und griff zum Weinglas. Rosen tat es ihm nach. Sie stießen an.

„Okay, okay ich hab schon begriffen. Sie benötigen keinen Vortrag über die Vereinsgeschichte. Aber Sie können sich nicht vorstellen, was der Durchmarsch in die 1. Liga für jemanden wie mich bedeutet."

Da mochte Ludwig Trautmann recht haben. Stallitzer konnte sich das nicht wirklich vorstellen.

„Wir haben immer zu unserer Mannschaft gestanden. In guten wie in schlechten Tagen, wie es so schön heißt."

Ja, zu diesem Satz hatte Stallitzer auch einmal ja gesagt. Fast 30 Jahre war das her, dass er seiner Regina das Jawort gegeben hatte. 23 Jahre war es her, dass die schlechten Zeiten ihrer Meinung nach überwogen hatten, sodass sie sich hatten scheiden lassen. Sie hatte diesen Satz nochmal gesagt, zu einer Flachschippe, wie sie im Bilderbuch stand. Und inzwischen hatte er mitgekriegt, dass sie seit drei Jahren zum zweiten Mal geschieden war. Was ihn daran am meisten nervte, war, dass das, was für seinen Kollegen Paul Wagner der Lilien-Reflex war, für ihn der Regina-Reflex war. Irgendein Satz, wie dieser jetzt von Ludwig Trautmann, oder eines ihrer gemeinsamen Lieder im Radio, und sie hatten davon eine ganze Menge gehabt, ein Geruch, ein Geräusch – und immer wieder tauchte sie in seinen Gedanken auf. Wenn Wagner mit Bananenschale das Freistoßspray im Lilienspiel assoziierte, dann dachte er bei einer auf dem Boden liegenden Bananenschale daran, wie sie auf einer solchen tatsächlich ausgerutscht war. Er hatte sie aufgefangen, dabei die Bluse zerrissen und eine ihrer wunderschönen Brüste ans Tageslicht befördert. Regina hatte sich nicht entscheiden können, ob sie sich freuen sollte, sich nicht wehgetan zu haben, oder ob sie sauer auf ihn war, weil er sie entblößt hatte. *Zicke,* dachte er. Aber eben eine, die ihm nicht aus dem Kopf ging. Aber das war sein Geheimnis. Und sollte es auch bleiben.

„Wie kommt es, dass in Darmstadt die ganzen Hardcorefans auf der Sitztribüne Platz haben?", fragte Stallitzer. Er hatte irgendwann bei der Zusammenfassung eines Heimspiels im Fernsehen mitbekommen, dass der Darmstädter Fanblock mit Fahnen und Gesängen auf der teuren Sitztribüne Platz fand und nicht auf den billigen Stehplätzen. Hier ergab sich nun die Gelegenheit, diese Bildungslücke zu schließen.

Trautmann lachte auf, und auch Rosen konnte sich ein Schmunzeln nicht verkneifen. „Na ja, das ist wohl ziemlich einzigartig in der Fußballgeschichte, ganz besonders in der 1. Bundesliga. Ich sagte ja schon, dass nach 1993 für fast 20 Jahre Schluss war mit dem Profifußball. Aber wir waren ja in den 40 Jahren davor immer in der 2. Liga gewesen, dreimal sogar in der ersten. Was ich sagen will: Wir hatten ein Stadion, das für uns ziemlich überdimensioniert war. Mit Platz für damals weit über 20.000 Leute. Und als wir dann in der 3. und von 2007-2011 sogar der 4. Liga spielten, da verteilten sich die wenigen, übriggebliebenen Fans auf den billigen Stehplätzen. Wie sollte man da richtig Stimmung machen? Vom Regen wollen wir gar nicht reden. Die Fans sind damals einfach unters Dach gezogen, wo die Sitzplätze waren. Bei der Akustik klang Stimmung wieder nach Stimmung! Nun, als wir wieder besser wurden und damit die Zuschauerzahlen stiegen, hat man uns dann nicht mehr verscheucht. Mit der Saison 2012/13 wurden wir dann ganz offiziell zum sogenannten *Block 1898*. Die Eintrittspreise wurden für die Fangruppen verbilligt. Und der Block F gehört jetzt einfach uns."

„Dann weiß die Polizei auch sofort, wo sie hingehen muss", brummte Stallitzer mehr zu sich selbst als zu den beiden am Tisch Sitzenden.

„Bei uns gibt es keine Polizei", sagte Trautmann, und es schwang ein wenig Stolz in seiner Stimme mit.

Stallitzer sah zu Rosen: „Wie soll denn das gehen?"

Jetzt sprach Rosen: „Das Verhältnis zwischen der Polizei und den Fans ist in Darmstadt wie überall in der Republik nie ganz unproblematisch. Wir haben es einfach probiert: Wir haben den Fans gesagt, wenn ihr es schafft, keine Randale zu machen, dann müssen wir auch keine Polizei zu euch schicken. Seitdem passt der Fanblock in eigener Regie darauf auf, dass niemand zu sehr über die Stränge schlägt. Wir haben das zunächst für eine

Saison ausprobiert, aber es hat geklappt. Deshalb haben wir es beibehalten."

Aus Tradition anders – das trifft es schon ganz gut", grinste Trautmann.

Stallitzer schüttelte den Kopf.

Die hübsche Bedienung brachte das Essen.

Die Konversation wurde jetzt etwas erschwert, denn der junge Mann, der etwas erzählen sollte, musste gleichzeitig seine Pizza verdrücken.

Entgegen seinem ursprünglichen Desinteresse reizte es Stallitzer nun doch, zu erfahren, wie das mit den Fans so klappte. „Was ist Ihr Job im Block 1898?"

Ludwig Trautmann nickte nur. Stallitzer ließ den jungen Mann den Bissen hinunterschlucken. „Ich sag mal so, ich bin ja nun keine 15 mehr, gehöre aber aus Sicht der 15-Jährigen noch nicht ganz zu den alten Säcken."

Dankeschön, dachte Stallitzer.

„Ich genieße das Vertrauen von vielen. Und ich bin einer von denen, die ihnen manchmal auch unangenehme Wahrheiten sagen können, die sie sich von alten Säcken oder Polizisten eben nie sagen lassen würden. Eigentlich bin ich Kfz-Mechaniker, arbeite auch in einer kleinen Werkstatt, aber inzwischen hab ich ein ziemlich genaues Bild davon, was ein Sozialarbeiter eigentlich leisten muss. Tja, und dann bin ich halt Lilienfan mit Leib und Seele."

„Und was unterscheidet einen Lilienfan mit Leib und Seele von einem normalen Lilienfan?"

„Da darf ich Ihnen vielleicht eine kleine Geschichte erzählen? Im September 2009 spielten die Lilien gegen die Löwen, also gegen den TSV 1860 München, im altehrwürdigen Stadion an der Grünwalder Straße in München. Der DFB hatte eine Woche vor Anpfiff entschieden, das Spiel unter Ausschluss der Öffentlichkeit auszutragen. Münchner Fans hatten bei einem Auswärtsspiel kurz zuvor ein paar Böller geworfen. Das Stadion liegt aber mitten in einem Wohngebiet. Ich mach's kurz: Ich und acht andere Fans ‚mit Leib und Seele' fanden eine Wohnung, von deren Balkon aus man einen perfekten Blick aufs Stadion hatte. Der Bewohner zeigte sich kooperativ: Wir durften das Spiel von seinem Balkon aus verfolgen. Seine einzige Bedingung: Wir sollten uns nicht besaufen. Dann haben wir die Zaunfahne unterhalb der Fenster ausgerollt und unser Team stimmgewaltig und fahnenschwingend unterstützt."

„Und? Gewonnen?"

Trautmann schmunzelte. „Nee. 0:4 verloren. Machte aber nix. Denn wir waren ja live dabei."

Stallitzer schmunzelte. „Und Sie sind damit auch der Mann, der das Gras wachsen hört – vielmehr den Rasen?"

Trautmann nickte. „Ich höre den Rasen wachsen, und ich kann schweigen."

Stallitzer sah zu Rosen. Das war nun nicht die vordringlichste Eigenschaft, die Stallitzer von diesem jungen Mann an diesem Abend benötigte.

Rosen vermittelte: „Es geht nicht darum, irgendjemanden anzuschwärzen. Aber Ludwig weiß ganz genau, wenn der Pokal nicht in neun Tagen im Museum steht, gibt es nicht nur kein Museum mehr, sondern der ganze Verein ist bedroht. Um es klar zu sagen: Steigt Bembler aus, dann haben wir finanziell ein richtiges Problem. Und diese Art von Problemen hatte der Verein nun wirklich schon oft genug. Deshalb ist Ludwig auch bereit, mit Ihnen zu sprechen."

„Gut, junger Mann, dann mal Nägel mit Köpfen: Was können Sie uns zum Verschwinden des Bembler-Pokals berichten?"

Ludwig Trautmann saß inzwischen vor einem leeren Teller. Stallitzer fragte sich, ob der Mann die Pizza inhaliert hatte.

„Ich habe ein paar Anrufe gemacht. Mit ein paar Leuten geredet. Und einer hat mich dann zurückgerufen. Fragen Sie mich nicht wer, das werde ich Ihnen nicht sagen."

Na prima, dachte Stallitzer. So auskunftsfreudig Trautmann noch beim eigenen Fanblock gewesen war, so bedeckt hielt er sich nun.

„Einer von denen, mit denen ich gesprochen habe, die haben vom Bembler-Pokal gehört. Und jetzt werde ich Ihnen einen Namen nennen, den Sie aber ganz bestimmt nicht von mir haben. Wenn ich dieses Restaurant hier verlasse, hat unser Gespräch nie stattgefunden."

Stallitzer nickte. Ganz wie in einem James-Bond-Film.

„Es gibt in Frankfurt im Bahnhofsviertel ein Haus. Im Erdgeschoss ist ein Sportgeschäft. Schwerpunkt Fußball. Die richtigen Schuhe in fast allen Größen, in allen Varianten, von billig bis unbezahlbar. Dann die üblichen Sportklamotten, und natürlich Bälle, Bälle, Bälle. Im ersten Stock ist ein Wettbüro. Das sind die einzigen Stockwerke, die bekannt sind. Aber im dritten Stock residiert der Mann, der die unteren beiden Läden betreibt. Auch dort ist ein Laden, in dem Sie als Fan all das kaufen können, was Sie nirgendwo anders bekommen."

„Das verstehe ich nicht ganz", unterbrach Stallitzer.

„Dort können Sie Zaunfahnen kaufen, die geklaut sind. Dort bekommen Sie Pyrotechnik vom Feinsten, in der praktischen Zigarettenschachtelgröße, die Sie auch durch die Körperkontrolle durchschmuggeln können und dort kriegen Sie auch all das, was die anderen Vereine diffamiert. Ein völlig schräger Laden, aber Sie kommen da ohnehin nur mit persönlicher Empfehlung rein."

„Und dieser Kerl hat unseren Bembler-Pokal?"

„Das kann ich Ihnen nicht sagen. Ich weiß nur, dass der Pokal und sein Name in einem Satz gefallen sind. Der Kerl nennt sich Jack the Leg. Hat eine Prothese. Daher der Name. Seinen richtigen Namen kenne ich nicht."

„Und wie kommen wir in diesen Laden rein?"

„Sie haben eine Audienz. Morgen um 16:00 Uhr können Sie sich bei der Dame an der Kasse in der Sportabteilung melden. Sie wird Sie zu ihm hochlassen. Angeblich haben Sie 50 Karten für das Spiel der Lilien gegen die Eintracht am 30. April, die Sie Jack the Leg anbieten."

„Ich soll dem Kerl Karten verkaufen? Das kapiere ich nicht."

„Das Spiel gegen Frankfurt hat was von dem Münchener Spiel, von dem ich gerade erzählt habe: Die Frankfurter dürfen nicht rein, weil sie beim ersten Spiel gegen Darmstadt rumgezündelt haben. Die werden ganz heiß sein auf diese Karten. Aber seien Sie vorsichtig. Mit dem Kerl ist nicht gut Kirschen essen."

DIENSTAG, 22. MÄRZ. HALBZEITPAUSE

Das Viertel um den Frankfurter Hauptbahnhof hatte in den vergangenen paar Jahrzehnten doch einiges unternommen, um nicht mehr ganz so heruntergekommen zu wirken. Trotzdem zählten unter anderem Elbe- und Moselstraße zum Rotlichtbezirk. Das Haus in der längs verlaufenden Taunusstraße, in dem Jack the Leg seinen diversen Unternehmungen nachging, sah genauso aus, wie Stallitzer es vermutet hätte: ein Altbau aus der Gründerzeit, renoviert, aber nicht herausgeputzt. Eine große Glastür führte in die Sportwarenhandlung. Daneben befand sich noch eine Haustür, darin ein Schild, das auf das Wettbüro im ersten Stock hinwies. Stallitzer und Wagner betraten den Sportpalast. Der Innenraum unterschied sich deutlich vom ersten Eindruck, den man durch die Außenfassade hatte gewinnen müssen: modernste Inneneinrichtung, chromstrotzend, mit LED-Beleuchtung an der Decke. Der Raum war sicher gut 100 Quadratmeter groß.

Während Stallitzer die Einrichtung nüchtern begutachtete, sah er in Wagners Augen ein Leuchten: Dessen Blick glitt fast zärtlich über das Regal mit den Fußballschuhen.

Stallitzer steuerte schnurstracks auf die Kasse in der Mitte des Raumes zu. Dahinter stand eine junge Verkäuferin, blondiert, toupiert, gepierct und ziemlich stark geschminkt. „Was wollt ihr?", fragte sie mit tiefer Stimme, die so gar nicht zum zierlichen Äußeren passen wollte.

„Wir wollen zu Jack the Leg", antwortete Stallitzer.

Wagner hatte schon ein wenig über den Mann herausgefunden. Zum Beispiel dessen bürgerlichen Namen: Jack the Leg hieß eigentlich Hans Kovacic.

Die junge Dame nickte, griff zum Telefonhörer. „Sie sind da", sagte sie nur. Dann nickte sie. „Ich schick Sie hoch." Sie wandte sich wieder Stallitzer zu. „Ihr geht jetzt raus, nebenan durch die Haustür rein. Ein Stockwerk hoch. Da ist rechts die Tür zum Wettbüro und links eine Tür ohne Aufschrift. Da klopft ihr, dann geht die Tür auf. Und ihr geht einen Stock hoch. Dann seid ihr da."

Stallitzer nickte, zupfte Wagner am Ärmel und beide verließen das Sportgeschäft.

Eine halbe Minute später standen sie neben der Tür zum Wettbüro und klopften an die gegenüberliegende Tür. Augenblicklich ertönte ein Türsummer und die massive Stahltür ohne Klinke ließ sich aufdrücken.

Hinter der Tür setzte sich das Treppenhaus fort. Stallitzer warf einen Blick auf die Innenseite der Tür: Hier befand sich zum Glück eine ganz gewöhnliche Türklinke.

Die Tür zum Ladengeschäft war ebenfalls mit normaler Klinke ausgestattet. Stallitzer klopfte, und eine hohe Fistelstimme rief: „Herein".

Der Raum, den sie nun betraten, hatte die gleiche Grundfläche wie das Sportgeschäft im Erdgeschoss. Die Regale waren hier älter, die Beleuchtung fahl. Alles in allem wirkte das Geschäft auf den ersten Blick ziemlich schmuddelig.

„Ah, die Herren aus Darmstadt", fistelte der Mann hinterm Schreibtisch. Er entsprach so ziemlich jedem Klischee, dass Stallitzer auf Anhieb einfiel: Er trug ein lilafarbenes Cord-Jacket, darunter ein buntes, kariertes Hawaiihemd, dessen Farben alle eins gemeinsam hatten: Sie passten definitiv nicht zur Farbe Lila. Das Hemd war fast zur Hälfte aufgeknöpft. Der buschige Brustrasen erinnerte Stallitzer an Tom Selleck in seiner Rolle als Magnum. Davon lenkten die drei fetten Goldketten ab, die ihr

Besitzer um den Hals gelegt hatte. Im rechten Ohrring prangte ein Diamant. Kein kleines Steinchen, sondern ein Vierkaräter, wie Stallitzer schätzte. Am anderen Ohr baumelte ein viel zu großer, schwarzer Adler.

Neben Jack the Leg stand ein weiteres Klischee: Der Mann war sicher zwei Meter groß, bullig, kräftig, kein Haar zierte seine Kopfhaut, dafür einige Tattoos seine Oberarme. Er trug eine Sonnenbrille – und das in einem schlecht beleuchteten Innenraum mitten im Winter. Seine Klamotten – eine Adidas-Jogginghose, Eastpack-Bauchtasche und die North Face-Jacke – waren wenigstens Ton in Ton mit den Brillengläsern: schwarz.

Stallitzer bemerkte Wagners entsetzten Ausdruck, dessen Augen einen Ort über den beiden schrägen Gestalten fixierten. Dann fror seine Miene ein.

An der Wand hinterm Schreibtisch hing eine Lilienflagge. Der untere und der rechte Rand waren jedoch nicht vollständig vorhanden, sondern Opfer von Flammen geworden. Jack the Leg grinste breit, dann sagte er: „Klar, hätte ich für eure kleine Delegation abhängen können. Aber ich hänge nun mal dran. Hab ich ja noch nicht so lange. Aber sie ist mir schon richtig ans Herz gewachsen."

Stallitzer fürchtete, Wagner würde seine Körperfülle vergessen und den Versuch eines unbedachten Satzes über den Schreibtisch riskieren, die Hände von sich gestreckt, die dann wie von selbst Jack the Legs Hals finden würden. Doch Wagner schien sich im Griff zu haben.

Der Schreibtisch von Jack the Leg war ein massives Mahagonimöbel und stammte bestimmt aus der Zeit, als das Haus gebaut worden war. Stallitzer konnte zwar nicht sehen, wie groß Jack the Leg war, aber es hätte ihn gewundert, wenn es mehr als 1,60 Meter gewesen wären. Er verschwand förmlich hinter dem Holzmonster.

„Können wir uns mal umschauen – jetzt, wo wir schon mal hier sind? Ihr Laden ist uns sehr empfohlen worden", sagte Stallitzer.

„Schaut euch um. Nehmt mit, was ihr wollt – nur mit Plastikgeld könnt ihr hier nicht zahlen."

Über den einzelnen Regalbereichen waren die Embleme der aktuellen Bundesliga-Mannschaften aus der 1. Liga angebracht. Stallitzer konnte sie nicht alle entschlüsseln. Am Ende des Raums erkannte er jedoch die Lilie des SV 98. Er ging zielstrebig darauf zu.

„Normale Fanartikel kann jeder", rief Jack hinter seinem Schreibtisch hervor. „Hier kriegt ihr das, von dem euer Verein ganz sicher nicht will, dass es überhaupt existiert."

Der größte Artikel im Lilien-Regal war ein Badetuch mit den Maßen 1 Meter mal 1,40 Meter. Es war hochkant aufgespannt. Das untere Drittel zeigte ein Feld mit verwelkenden Lilien. Darüber flog ein Doppeldeckerflugzeug in den Farben rotschwarz, das über dem Feld Pestizide versprühte.

Wagner stand neben Stallitzer und nuschelte nur: „Geschmacklos." Dann gab es Klopapierrollen mit aufgedruckten Lilien, deren Bedeutung sich Stallitzer auf den ersten Blick erschloss. Den Gummiadler mit einer Lilie im Schnabel konnte er nicht gleich interpretieren. Wagner half: „Der Adler. Der Frankfurter Adler. Das Maskottchen der Eintracht." Stallitzer nickte.

„Aus diesem Bereich dürft ihr euch was aussuchen. Kriegt ihr geschenkt. Als Zeichen meines guten Willens", unkte Jack the Leg aus der anderen Ecke des Raumes.

„Danke, ich glaube, wir sind versorgt", brummte Stallitzer nur zurück. Wagner schwieg, was auch besser so war.

Neben der Lilienabteilung befand sich der Bereich, der Borussia Dortmund vorbehalten war. „Die Biene Emma ist das

Maskottchen von denen", klärte Wagner Stallitzer auf. Das erklärte auch die zahlreichen Verunglimpfungen dieses Glücksbringers: Ebenfalls ein Badetuch, auf dem drei Männer in blauweißen Schutzanzügen mit Insektenvernichtungsmittel auf die kleine Biene zielten. Dann das wohl obligatorische Klopapier mit der Biene darauf. Dahinter ein gerahmtes Foto, auf dem die Biene auf einem Stuhl in einem Stadion saß, mit einem FC Schalke 04-Schal um den Hals.

Wagner grinste. „Das ist im Gelsenkirchener Stadion aufgenommen. Was uns die Frankfurter und die Offenbacher, sind den Dortmundern die Schalker."

Wagner ging wieder in Richtung Schreibtisch, während Stallitzer ganz ans Ende des Raums ging, in dem ein großer Bereich der Frankfurter Eintracht gewidmet war. Stallitzer grinste, was kein anderer im Raum sehen konnte. Es lief alles nach Plan.

„Also, was ist jetzt mit den Karten?", rief Jack the Leg nun durch den Raum.

Noch bevor sie nach Frankfurt gefahren waren, hatten Stallitzer und Wagner die Rechercheabteilung von Wantrupp & Wantrupp angewiesen, alles über diesen Jack the Leg herauszufinden. Er war Jahrgang '75, ein paar Mal vorbestraft, öfter jedoch waren die Verfahren gegen ihn eingestellt worden. Seine Delikte lagen meist im Bereich des Wettbetrugs und der Geldwäsche. Offenbar hatte er auch ganz gute Verbindungen zur kroatischen Mafia. Sein Bein hatte er verloren, als er im Alter von 25 Jahren von einem Auto angefahren worden war. Er war eine Größe auf dem Frankfurter Kiez, wie die beiden Detektive erfahren hatten. Stallitzer wunderte sich noch darüber, dass ihm dieser schräge Vogel noch nie untergekommen war, aber der spielte eben Regionalliga, während die großen Fische, denen Stallitzer meist nachspürte, in der 1. Liga spielten. Er schmunzelte über sich selbst, dass auch er bereits anfing, in Fußball-metaphern zu denken. Sie hatten sich sogar auf den Besuch in den heiligen Hallen vorbereiten können, denn Toni hatte tatsächlich vier Fotos aus diesem Raum auftreiben können. Stallitzer und Wagner waren bestens gewappnet.

Wagner stand jetzt neben dem Schreibtisch, schaute seinerseits ebenfalls in Stallitzers Richtung. „Also, du Spaßvogel, hast du nun Karten für mich oder nicht?"

Im Gegensatz zu jenen Bereichen der anderen Fußballvereine war der der Eintracht nicht mit Schmäh-Objekten bestückt. Die ganze Palette gewöhnlicher Fanartikel zierte die drei Regale. Statt Jack zu antworten, griff Stallitzer zu einer Eintracht-Fahne, hielt sie an die Nase, und schnäuzte hinein.

Danach lief alles nach Plan. Die Bulldogge preschte in Richtung Stallitzer, war mit wenigen Schritten bei ihm und entriss ihm als erste Amtshandlung die Fahne. Dann wollte er ihn in den Schwitzkasten nehmen, doch Stallitzer war einfach zu wendig und trainiert, als dass das Muskelpaket ihn wirklich zu fassen bekommen hätte. Er ließ zu, dass die Dogge die Faust in seine Richtung bewegte, ließ auch den Treffer zu, bewegte sich aber gleichzeitig nach hinten, sodass dieser keinen Schaden anrichten konnte. Als Jack the Leg zum Telefon greifen wollte, hechtete Wagner auf ihn zu und schlug seine Hand zur Seite. Jack sprang auf, sehr zum Leidwesen des Bürostuhls, der lautstark gegen die Wand krachte. Wagner versuchte, ihn festzuhalten, doch Jack wehrte sich. Wagner riss dabei das Kabel der Mobilstation einfach aus der Wand. Während Wagner mit Jack rangelte, führte Stallitzer mit der Bulldogge ein Tänzchen auf. Alles genau nach Plan.

Stallitzer hatte nach seiner Scheidung nie wieder geheiratet. Natürlich hatte es die eine oder andere Frau gegeben, aber immer nur für kurze Zeit. Die Konstanten über die Zeit hinweg bestanden aus Sport und ein paar Hobbys. Eines davon war Taschendiebstahl. Nicht, dass er diese Fähigkeit zur eigenen Bereicherung eingesetzt hätte. Aber in seinem Job war sie unglaublich nützlich. Er hatte sich eine Puppe konstruieren lassen, der man verschiedenste Kleidungsstücke anziehen konnte. Diese Kleidungsstücke wie auch die Puppe hatten es in sich, im wahrsten Sinne des Wortes: Sie waren mit Berührungssensoren versehen, die ihrerseits mit einem Computer verbunden waren. Die Sensoren simulierten in ihrem Zusammenspiel das menschliche Empfinden. Wie bei einem Schachcomputer konnte man das Programm auf mehrere Modi einstellen: Leicht, mittelschwer, schwer und den „Zeig-was-du-kannst"-Modus. Stallitzer hatte auch einen Lehrer gehabt, denn letztlich war jede Trainingspuppe schwächer als ein Mensch. Sein Tänzchen mit der Bulldogge bot deshalb eine doppelte Herausforderung: Zum einen musste er sich den Mann so vom Leib halten, dass dieser ihm nicht wehtun konnte, zum zweiten wollte er zum Ziel kommen. Das war eindeutig definiert: Er wollte das Handy der Bulldogge. Wenn sie das hatten, konnten sie die Nummernliste durchgehen und sie Stück für Stück abarbeiten. Jack the Legs Fistelstimme würden sie sofort identifizieren. Damit kannten sie dann die Handynummer von Jacks Handy. Die Verbindungsnachweise würden ihnen schnell zeigen, mit wem Jack in der vergangenen Woche so alles telefoniert hatte. Und Stallitzer war sich sicher, dass er dort auf Namen stoßen würde, die er schon kannte.

„Raus jetzt mit euch!", brüllte Jack nun, der Wagner einen üblen Haken verpasst hatte. „Verpisst euch!"

Stallitzer erwischte das Handy der Bulldogge, ließ es in die eigene Hosentasche gleiten. Dann platzierte er einen gezielten

Schlag auf den Solarplexus seines Tanzpartners. Der ging zu Boden.

Stallitzer bewegte sich in Richtung Schreibtisch. Wagner hielt seinen rechten Unterkiefer mit beiden Händen fest. Er hatte Tränen in den Augen. Gemeinsam mit Wagner verließ Stallitzer den Raum. Kaum hatten sie die Tür hinter sich gelassen, gaben sie Fersengeld; also Stallitzer gab Fersengeld. Als er sich nach 50 Metern umdrehte, hatte Wagner gerade erst die Hälfte zurückgelegt. Er wartete auf ihn. Offensichtlich folgte den beiden niemand.

Stallitzer grinste Wagner an. „Das haben wir klasse hingekriegt!"

Wagner nickte, ein wenig außer Atem. Die rechte Wange war knallrot.

Stallitzer zog das Handy des Kontrahenten aus der Hosentasche. Er wischte über die Glasfläche. Dort erschien die Aufforderung, eine vierstellige Geheimzahl einzugeben, um das Handy nutzen zu können. „Na dann, schnell ins Büro. Ich denke, in ein paar Stunden haben wir die Nummernliste, die auf dem Handy gespeichert ist."

Wagner blieb stehen und schnaufte.

„Ich hoffe, es sind nicht so viele, dann sollten wir die Nummer von Jack the Leg schnell haben."

Wagner keuchte: „Ich glaube, ich hab noch eine schnellere Methode."

„Ach ja? Und die wäre?"

Wagner griff nun seinerseits in die Hosentasche und zog ebenfalls ein Handy heraus: „Nehmen wir doch einfach das Original von Jack the Leg."

Zuerst begriff Stallitzer gar nichts. Dann kapierte er, dass Wagner in der Disziplin des Taschendiebstahls offensichtlich auch nicht gänzlich unbewandert war. Er fing an zu lachen. Wagner stimmte ein. Stallitzer klopfte ihm auf den Rücken, giggelte: „Du bist ein Kerl!" Es war das erste Mal, dass er tatsächlich Respekt vor Wagner empfand. Nein, es war das erste Mal, dass er die Möglichkeit in Erwägung zog, man könne Wagner vielleicht doch sympathisch finden.

„Setzen Sie sich", sagte Wantrupp senior und bot Stallitzer Platz an.

Der Raum, in dem sich beide nun gegenüberstanden, atmete mit jeder Pore Wantrupps Vorliebe für das englische Empire. Schwere, britische Ledermöbel, Bücherregale, um die ihn jede Traditionsbibliothek des Königreichs beneidet hätte – genau so stellte sich Stallitzer die Räumlichkeiten in Privatclubs vor, in denen die Mächtigen bei Zigarren und Whisky die Entscheidungen über das Weltgeschehen fällten. Sogar der Kamin fehlte nicht, der Sims bestückt mit zwei Familienbildern in schönen Rahmen.

Kalter Zigarrenrauch atmete aus den schweren Möbeln. Es war ein Geruch, den Stallitzer überhaupt nicht mochte und somit war er Wantrupp fast dankbar dafür, dass er sich eine Zigarre anzündete. Damit übertünchte er den ekelhaften Geruch kalten Rauchs mit dem unangenehmen Odeur des neuen.

Wantrupp wusste, dass Stallitzer seine Zigarren nicht schätzte, und bot ihm daher keinen seiner hochpreisigen Glimmstängel an. Hingegen fragte er ihn, ob er ihm mit einem Whisky etwas Gutes tun könnte. „Ich habe gerade einen *Glenmorangie Signet* geschenkt bekommen. Etwas sehr Feines."

Warum nicht, dachte Stallitzer. Man bekam nicht jeden Tag einen 150-Euro-Whisky spendiert. Wantrupp goss sich selbst ebenfalls ein Glas des guten Tropfens ein. Dann setzte er sich Stallitzer gegenüber auf das Ledersofa. „Herr Stallitzer, was kann ich für Sie tun?"

Stallitzer gab Wantrupp einen kurzen Abriss des Ermittlungsstands. „Die aktuelle Spur führt zu einem Ganoven aus dem Rotlichtmilieu, Jack the Leg, der sich wohl auch im Bereich der Sportwetten und der Geldwäsche seinen Lebensunterhalt verdient, sozusagen."

„Freut mich, dass Sie gut vorankommen. Mein Sohn unterstützt Sie?"

Stallitzer konnte nicht anders. Er antwortete: *„Difficile est satiram non scribere!"*

„Oh, Sie halten es jetzt wie mein Sohn. Immer ein passendes lateinisches Zitat an der Hand. Ich wusste gar nicht, dass Sie auch des Lateinischen mächtig sind."

Stallitzer grinste verschmitzt.

Wantrupp lächelte: „Ich kann kein Latein. Aber ich kenne mich mit Menschen aus. Dass Sie auf meine Frage nicht direkt mit einem Ja geantwortet haben, beantwortet diese eigentlich zu Genüge. Was ich schade finde, mich aber nicht überrascht."

Stallitzer fühlte sich ertappt. Er kam sich vor wie ein kleiner, dummer Schuljunge. Wie hatte er sich zu solchem Übermut hinreißen lassen können? Seine Antwort hieß übersetzt: *„Es ist schwierig, darüber keine Satire zu schreiben!"*

„Belassen wir es dabei", sagte Wantrupp. „Warum sind Sie hier?"

„Die anderen im Team werten gerade die Handydaten von Jack the Leg aus. Da bin ich nur das fünfte Rad am Wagen. Aber etwas hat die Recherche zu Jack the Leg alias Hans Kovacic auch ans Tageslicht befördert: Ich denke, Sie kennen seine Mutter. Roswitha Celari, für kurze Zeit geehelichte Kovacic. Besser bekannt unter ihrem Spitznamen „Rose the Nose". Toni und Wagner waren sehr gründlich gewesen, als sie das Leben von Jack durchleuchtet hatten.

Augenblicklich überzog ein Lächeln das Gesicht von Wantrupp senior. „Diesen Namen habe ich lange Zeit nicht mehr gehört. Was hat sie mit ihrem Fall zu tun?"

„Das weiß ich nicht. Ich weiß nicht, ob sie überhaupt etwas damit zu tun hat. Dennoch mache ich meine Hausaufgaben grundsätzlich gründlich. Und ich erinnere mich, dass ihr Name vor zehn Jahren bei einem unserer Fälle aufgetaucht ist. Ich habe diesen Fall damals nicht bearbeitet, deshalb frage ich Sie, ob Sie mir nicht vielleicht ein wenig darüber erzählen können. Vielleicht kann ich dann besser einschätzen, ob die Dame etwas mit dem Diebstahl des Bembler-Pokals zu tun haben könnte."

Wantrupp senior räkelte sich in seinem Sofa, macht es sich bequem und ließ sich dazu hinreißen, ein Bein über das andere zu schlagen. „Rose the Nose. Sie ist fünf Jahre jünger als ich. Jahrgang 40. Sie war eine wunderschöne Frau. Und die offizielle Erklärung für ihren Spitznamen ist, dass ihre Nase so schön ist wie jene von Kleopatra war. Andererseits sagte man ihr auch immer nach, dass sie bereits in den 70er-Jahren keine Linie Kokain verschmähte. Lag vielleicht an der Kinderstube. Ihr Vater war eine Größe auf dem Frankfurter Kiez. So zu Zeiten der Nitribitt. Und sie trat in seine Fußstapfen. Der Fall 2005 – das war der zweitgrößte Bestechungsskandal im deutschen Profifußball. Unser Job war es damals, den Skandal so schnell und so geräuschlos wie möglich abzuwickeln. Na ja, die Öffentlichkeit glaubt bis heute daran, dass nur die böse kroatische Mafia dahintersteckt. Ich sage Ihnen: Rosi war darin ebenfalls verwickelt."

Stallitzer entging nicht, dass er die Dame nun mit einem dritten Namen bedacht hatte: einer Koseform. „Wir haben Roswitha Celaris Namen aus der Affäre heraushalten können und sie hat sich danach komplett zur Ruhe gesetzt. Ich wusste gar nicht, dass ihr Sohn noch aktiv ist. Er machte auf mich nie den Eindruck, mit viel Intelligenz gesegnet worden zu sein. Aber was Roswitha Celari angeht: Erstens ist sie überhaupt nicht mehr aktiv, zweitens wäre eine Suppenschüssel wie der Bembler-Pokal gänzlich unter ihrer Würde. Damit kann sie nichts zu tun haben."

Stallitzer entschied sich dazu, die Frage offen zu stellen: „Weshalb haben Sie sie gerade Rosi genannt?"

Stallitzer erkannte, dass sich Wantrupp seniors Muskeln anspannten. Er setzte sich aufrecht hin, inhalierte einen tiefen Zug der Zigarre, schwieg, nippte an seinem Whiskyglas. Dann sagte er: „Ich glaube, Sie waren damals noch ein Kind. 1970/71, der erste große Bundesligaskandal. Nun, ich formuliere es mal so: Unser Unternehmen hat daran gut verdient. Denn wir hatten die Aufgabe, die Aufklärung so leise wie möglich über die Bühne zu bringen."

„Entschuldigen Sie, der Skandal sagt mir gar nichts."

„Es ist ganz einfach: In der Bundesligasaison 1970/71 waren nicht weniger als 18 Spiele gekauft worden. Über 60 Profis aus zehn Vereinen waren beteiligt, für fast eine Million Mark wurden Punkte wie auf dem Jahrmarkt gehandelt. Diese Krise bedrohte zeitweise die Existenz des deutschen Profifußballs. Das sind jedoch nur die offiziellen Zahlen. Wie der Name Profifußball schon sagt, stecken viele Leute sehr viel Geld in dieses Geschäft. Und die Zuschauerzahlen sanken und sanken und sanken. 1974 sollte die Fußball-Weltmeisterschaft in Deutschland ausgetragen werden. Da hatten viele Parteien Interesse daran, dass der Skandal möglichst schnell aus den Schlagzeilen verschwindet. Der Kontrollausschuss des DFB ermittelte, verhängte Strafen, klärte den Skandal auf. Und wir sorgten dafür, dass der Schaden so gering wie möglich war und nicht plötzlich noch echte oder falsche Zeugen auftauchten, die das Ganze nur noch schlimmer gemacht hätten. Und da kam Rosi ins Spiel. Wenn Sie in diesem Männerspiel etwas erreichen wollen, brauchen Sie wie im Schach eine mächtige Frauenfigur, die an der richtigen Stelle das Gewünschte bewirkt. Und das war Rosi. Und auch sie hat nicht schlecht daran verdient. Wobei sie sehr schwer zu führen war. Sie hat auf diversen Nebenschauplätzen noch ihr eigenes Süppchen gekocht – und ich war sehr froh, als sich 1973 abzeichnete, dass die Stadien gerade zur Fußball-Weltmeisterschaft wieder voll sein würden und ich mit Rosi nicht mehr arbeiten musste."

„Tauchte sie später nochmal im Fußball auf?"

„Ich weiß es nicht, und ich will es auch gar nicht wissen. Auf beruflicher Ebene haben sich unsere Wege auf jeden Fall erst 2005 wieder gekreuzt. Und darüber bin ich bis heute ganz erleichtert."

„Kennen Sie ihren Sohn?"

„Nein, ich habe ihn persönlich nie kennengelernt. Ich habe natürlich gerade 2005 Erkundigungen über ihn eingezogen. Als ich aber feststellte, dass er in diesen Wettskandal offensichtlich nicht involviert gewesen war, habe ich mich nicht weiter für ihn interessiert. Und es gab mehrere Menschen aus seinem Umfeld, die betont haben, dass er nicht unbedingt der Schlauste unter der Sonne ist."

Stallitzer nahm nun ebenfalls einen Schluck Whisky. Er schmeckte wirklich hervorragend.

„Nicht vielleicht doch eine Zigarre?"

Stallitzer schüttelte den Kopf. „Nein, danke."

Sie saßen einige Momente schweigend einander gegenüber. Dann sagte Wantrupp senior völlig unerwartet: „Man kann sich seine Kinder nicht aussuchen. Diese bittere Erfahrung hat wohl auch Rosi machen müssen."

Stallitzer entging nicht das kleine Wort *auch* in Wantrupps Satz.

MITTWOCH 23. MÄRZ. ZWEITE HALBZEIT

Als Wagner sich nach dem Toilettenbesuch am Waschbecken die Hände wusch, sah er sein Spiegelbild. Und das hatte verdammt dunkle Ränder unter den Augen.

Er trocknete die Hände ab, ging dann wieder ins Büro. Toni hatte dieselbe Naturschminke aufgelegt. Als Wagner den Raum betrat, nahm dieser die Hände von der Tastatur, faltete sie hinter seinem Kopf zusammen und lehnte sich zurück. „Nada. Gar nichts. Ich weiß nicht, was wir übersehen."

Als sie Jack the Legs Handy ausgelesen hatten, war ihnen sofort klargeworden, dass telefonieren offenbar eines der wichtigsten Hobbys dieses Mannes gewesen sein musste. Sie hatten die vergangenen zwei Wochen überprüft. 149 verschiedene Telefonnummern hatte Jack angewählt. Von 97 aus war er angerufen worden, nur aus Deutschland. Zählte man die ausländischen Telefonnummern hinzu, kam man auf eine Summe von 185 Anrufern. Zunächst hatten sie geglaubt, sie wären auf der Erfolgsspur: Tatsächlich hatte Jack eine SMS an eines der Handys der Bielefelder geschickt. Womit der Kontakt, den sie vermutet hatten, bestätigt worden war.

Aber das war bislang der einzige Erfolg geblieben. Gut ein Drittel all dieser deutschen Telefonnummern gehörten zu nicht identifizierbaren Prepaid-Nummern. Insgesamt hatten sie eine Liste von 59 Namen, die sie eindeutig jeweils einer Nummer zuordnen konnten.

Inzwischen waren auch die Videos und Bilder der Überwachungskamera vom Rasthof, an dem die Autobahnkirche stand, bei Wantrupp & Wantrupp eingetroffen.

Dann hatten sie alle Kennzeichen der Fahrzeuge überprüft, die in dem Zeitfenster zwischen der Ankunft der Bielefelder

Motorradfahrer auf dem Rasthof und der Ankunft von Stallitzer und Wagner in der Kirche auf den Kameras zu erkennen gewesen waren. Manchmal verdeckte ein Lastzug Teile des Parkplatzes, manchmal waren die Kennzeichen schlicht verdreckt – also auch hier keine hundertprozentige Ausbeute.

Tonis *Nada* setzte den Schlusspunkt unter die nüchterne Erkenntnis: Keines der Fahrzeuge ließ sich einem der identifizierten Menschen, die mit Jack the Leg gesprochen hatten, zuordnen. Die Hoffnung, über die Handydaten herauszufinden, wer den Pokal an der Kirche abgeholt hatte, schien sich in Rauch aufgelöst zu haben.

Nichtsdestotrotz hatten sie die Namen der Telefonpartner sortiert. Zunächst wurden all jene in eine Gruppe gesteckt, die im Umkreis von 60 Kilometern um Jack the Legs Zentrale lagen. Die Hypothese, die dem zugrunde lag: Jack hatte irgendjemanden beauftragt, den er gut kannte, und der deshalb höchstwahrscheinlich auch im Rhein-Main-Gebiet beheimatet war. Das waren nur 15 Personen gewesen.

Dann hatten sie diese 15 Menschen den Kennzeichen zugeordnet, die den jeweiligen Wohnorten entsprachen, auch wenn diese Fahrzeuge nicht auf einen von den 15 zugelassen waren.

Damit reduzierte sich die Liste auf sieben: zwei Wiesbadener, ein Darmstädter, einmal Main-Taunus-Kreis, zweimal Mainz und einmal Hochtaunuskreis.

„So ein Mist. Ich fühl mich wie die Jungs im Juni 1988." Toni hatte noch nicht so oft mit Wagner zusammengearbeitet, deswegen tappte er in die Falle und fragte: „Welche Jungs? Was war im Juni 88?"

Nun war Wagner quasi genötigt, zu antworten: „1988 – da hätten wir es fast wieder in die 1. Bundesliga geschafft. War auch so ein Relegations-Duell. Ist aber nicht so glücklich ausgegangen wie in Bielefeld. Damals waren die Regeln noch anders, deshalb war die Relegation auch nach dem zweiten Spiel noch nicht entschieden. Es musste ein drittes Spiel anberaumt werden, was dann schließlich im Elfmeterschießen entschieden wurde." Wagner spürte, dass er todmüde war. Deshalb erzählte er die Geschichte jetzt nicht in der ursprünglichen 15-Minuten-Version, sondern fasste knapp zusammen: „Über 300 gespielte Minuten und 14 Elfmeter beim Elfmeterschießen nach der Verlängerung, dann war klar, dass Waldhof Mannheim in der 1. Liga blieb und Darmstadt in Liga 2. Und genauso fühl ich mich jetzt auch."

Die Tür zum Büro öffnete sich. Stallitzer trat ein. „Morgen, Jungs. Und?"

„Danke, gut. Und dir? Gut geschlafen? Gutes Frühstück gehabt? Entspannt in den Tag gestartet?" Stallitzer sah aus wie das blühende Leben. Sie hatten sich die ganze Nacht um die Ohren geschlagen. Und er versuchte nun, entspannte Fröhlichkeit ins Kontor zu tragen.

„Ui. Wohl mit dem falschen Bein aufgestanden?" Stallitzer lachte.

„Wir sind gar nicht *aufgestanden*, weil wir noch überhaupt nicht *geschlafen* haben."

„Und, was habt ihr herausgefunden?" Auch Toni sah Stallitzer jetzt missbilligend an. Dessen Blick wanderte zwischen den beiden hin und her. „Also?"

Toni seufzte, rutschte den Bürostuhl zurecht, sodass er wieder richtig am Schreibtisch saß. Er drehte den Monitor in Stallitzers Richtung.

„Keine Übereinstimmung dieser Leute mit Kennzeichen von Autos, die am Rastplatz bei der Kirche waren. Aber zumindest gab es Wagen, die in den Orten zugelassen sind, aus denen die sieben kommen."

Wagner beobachtete, wie Stallitzer die Liste mit Argusaugen Buchstabe für Buchstabe abarbeitete.

„Wer ist dieser Tarowski?"

Nun rutschte auch Wagner wieder an den Tisch. Er klickte ein paarmal mit der Maus. Dann las er vor: „Robert Tarowski. 58 Jahre alt. Bei der Polizei keine Akte. Auch im Netz kaum was zu finden. Wohnt in Wiesbaden in einer Straße am Neroberg – der Kerl muss also schon ein Portemonnaie haben, in dem ein bisschen Geld steckt."

„Welche Autos mit Wiesbadener Kennzeichen habt ihr auf dem Rasthof identifizieren können?"

„Drei Stück." Wagner zauberte drei Bilder auf den Monitor. „Von links nach rechts: ein VW-Käfer aus den 60ern mit H-Kennzeichen. Dann eine Benz-A-Klasse, und schließlich das Sahnehäubchen: ein Bentley Continental Flying Spur. Aber keiner der drei Wagen ist auf Robert Tarowski zugelassen."

„Dann checkt doch mal bitte, auf wen der Bentley zugelassen ist. Ich denke, der Name ist Roswitha Celari."

Wagner forderte Toni per Blickpost auf, das zu überprüfen. Der wirbelte auf der Tastatur, klickte mit der Maus, dann weiteten sich seine Augen: „Roswitha Celari. Dieselbe Adresse wie Robert Tarowski."

Jetzt wusste Wagner, was sie übersehen hatten: Sie hatten nur gecheckt, ob Autos, die auf Leute ihrer Namensliste zugelassen waren, mit denen am Rasthof übereinstimmten. Sie hatten aber die Wagen selbst nicht überprüft. Dann wäre ihnen sofort aufgefallen, dass Tarowski und Roswitha Celari im selben Haus wohnten.

„Roswitha Celari, über den Namen bin ich doch auch schon gestolpert", sagte Wagner. „Wer ist das?"

Stallitzer ignorierte die Frage und wollte stattdessen wissen: „Habt ihr von diesem Tarowski eine Telefonnummer?"

Wagner nickte. In einer Excel-Tabelle hatten sie fein säuberlich zusammengetragen, was sie herausgefunden hatten. Er zauberte die Nummer auf den Bildschirm. Stallitzer wählte und stellte den Telefonapparat auf Freisprechen.

Schon beim dritten Klingeln nahm Tarowski ab, meldete sich mit Namen.

Stallitzer nannte den seinen, sagte, dass er für Wantrupp & Wantrupp arbeite und er bezüglich einer Ermittlung, die sie gerade durchführten, bitte mit ihm sprechen wolle.

„Sehr geehrter Herr Stallitzer", drang es aus dem kleinen Lautsprecher, „leider muss ich Ihnen mitteilen, dass ich keinerlei Interesse daran habe, mit Ihnen zu sprechen. Ich wünsche noch einen schönen Tag."

Noch während Tarowski die letzten beiden Worte aussprach, grätschte Stallitzer verbal dazwischen: „Bevor Sie jetzt auflegen, fragen Sie doch bitte Frau Celari, ob sie vielleicht wünscht, dass Sie doch mit uns sprechen. Dabei könnten Sie ihr einen Gruß von Ferdinand Wantrupp ausrichten."

Kurz herrschte Stille, dann sagte Tarowski: „Ich melde mich in zehn Minuten wieder bei Ihnen unter dieser Telefonnummer." Ohne ein weiteres Wort legte er auf.

„Cool", sagte Wagner nur bewundernd. „Und wer ist diese Celari jetzt?"

„Roswitha Celari ist die Mutter von Jack the Leg."

Nette Gegend, dachte Stallitzer, als er den Wagen durch die engen Straßen des Wiesbadener Nerobergs lenkte. Eine Gründerzeitvilla reihte sich an die andere – aber stets mit genügend Höflichkeitsabstand. Das Gebäude, in dem sowohl Roswitha Celari als auch Robert Tarowski wohnten, wirkte eindeutig noch einen Deut respektabler als die Schwestern zur Linken und zur Rechten. Zwei Rubine kämen auch nicht recht zur Geltung, wenn sie Seite an Seite mit einem dreimal so großen Brillanten auf dem Tisch lägen. Stallitzer erkannte das Haus auch daran, dass der Bentley vor der Toreinfahrt geparkt war.

Die Parkplatzsituation in diesem Viertel war nicht annähernd so angespannt wie in allen anderen Winkeln im Stadtgebiet. Stallitzer parkte seinen Charger, der eigentlich auch ganz gut ins Umfeld passte. Wagner und er stiegen aus.

„Wow", sagte der nur, als sein Blick über die Hausfassade glitt.

Nachdem Stallitzer geklingelt hatte, ertönte eine glasklare weibliche Stimme aus der Gegensprechanlage. Das war offenbar die erste Gegensprechanlage, die mit einem HiFi-Lautsprecher bestückt worden zu sein schien. Stallitzer und Wagner stellten sich vor. „Einen Moment, bitte", bat die Dame am anderen Ende.

Stallitzer erwartete, dass ein Summen anzeigen würde, dass sie das schmiedeeiserne Tor öffnen könnten. Doch kein Summen ertönte. Dagegen kam offenbar die Besitzerin der Stimme im schwarzen Hausanzug auf sie zu. Sie öffnete die Edelpforte. Ohne zu grüßen, geleitete sie den Besuch die Stufen hinauf zum großen Eingangsportal. „Wenn Sie mir bitte folgen würden", sagte sie. Der Eingangsbereich der Villa nahm fast ein Drittel der Grundfläche ein, schätzte Stallitzer. Am anderen Ende des Foyers erkannte er eine große, metallisch glänzende Aufzugtür. Die Tür öffnete sich und gab den Blick frei auf die Aufzugkabine, die mindestens acht Personen Platz bot. Stallitzer überlegte kurz, wie es technisch möglich war, in diese Villa einen Aufzug einzubauen. Sie fuhren in den ersten

Stock. Die Dame wies sie mit einer Handbewegung an, den Aufzug zu verlassen.

Der Raum, den sie betraten, hatte ebenfalls die Dimensionen eines kleinen Ballsaals. Der Architekt musste damals ganze Arbeit geleistet haben, mit so wenig Stützen im Innern einen solch großen Saal zu konstruieren. Am Ende des Raumes stand eine Sofaecke, die Stallitzer ein wenig an das Interieur in Wantrupp seniors Wohnzimmer erinnerte.

Auf dem Sofa saß Robert Tarowski. Er schaute noch auf sein Handy, steckte es in die Innentasche seines Jacketts, erhob sich, kam auf Stallitzer und Wagner zu, reichte ihnen die Hand. Tarowskis Äußeres war tadellos. Stallitzer kannte sich nicht aus mit maßgeschneiderten Anzügen, hatte wenig Vorstellungen von der Qualität unterschiedlicher Stoffe und dem Preis solcher Individualanfertigungen. Doch er erkannte, dass Tarowskis Anzug perfekt saß. Auch das Seidentüchlein in der Außentasche des Jacketts trug zum perfekten Erscheinungsbild bei.

„Darf ich Ihnen etwas zu trinken anbieten?", wollte Tarowski wissen.

Stallitzer schüttelte den Kopf, Wagner hingegen sagte: „Klar, gern. Was haben Sie denn da? Einen Sherry? Einen Whisky? Ein Wodka tut's auch."

Tarowski antwortete nicht, ging zur Hausbar, die in eine große Schrankwand eingelassen war. Dort goss er eine goldgelbe Flüssigkeit in ein Wasserglas. Er vergaß nicht, den Untersetzer mitzunehmen und stellte beides auf dem Couchtisch ab.

„Danke", sagte Wagner. Und Stallitzer fand den Tonfall unangemessen fröhlich. Und Wagners Art unangemessen unhöflich. *Welche Show zieht der denn ab?*, fragte er sich.

Wagner ließ sich auf das Sofa plumpsen, Tarowski und Stallitzer platzierten ihren Allerwertesten sanft auf das Leder.

144

„Womit kann ich Ihnen dienen, meine Herren? Ihre Andeutungen am Telefon waren doch etwas vage."

Stallitzer übernahm das Reden. „Herr Tarowski, in welcher Beziehung stehen Sie zu Roswitha Celari?"

„Sie ist meine Arbeitgeberin. Ich bin ihr – Chauffeur. Darf ich fragen, weshalb Sie das wissen möchten?"

„Nun, wie ich bereits am Telefon sagte, ermitteln wir in einer sehr delikaten Angelegenheit. In diesem Zusammenhang sind wir auf Ihren Namen gestoßen. Und zwar auf der Telefonliste eines Herrn Hans Kovacic. Kennen Sie diesen Mann?"

Tarowski runzelte die Stirn. „Nein, dieser Name ist mir nicht bekannt."

„Vielleicht kennen Sie ihn unter seinem Spitznamen Jack the Leg", fragte Stallitzer in ruhigem Tonfall weiter.

„Auch dieser Name sagt mir nichts", erwiderte Tarowski. Seine Stimme verriet nicht, ob er log oder nicht. Stallitzer sah kurz zu Wagner und bemerkte mit Entsetzen, dass dessen Glas bereits geleert war. Als ob der Blick ein Stichwort gewesen wäre, brachte sich nun auch Wagner ins Gespräch ein: „'tschuldigen Sie, könnte ich vielleicht noch einen von dem …?"

Wenn Tarowski irritiert oder unangenehm berührt war, so sah man es ihm nicht an. Er erhob sich wortlos, wobei er das Glas von Wagner in der Bewegung aufnahm. An der Bar goss er die doppelte Menge des Sherrys, oder was immer es auch war, ein. Er stellte das Glas vor Wagner ab, setzte sich wieder und würdigte ihn keines Blickes mehr.

Auch Stallitzer ignorierte Wagners Wunsch nach weiterem Alkohol. Keine Ahnung, wieso der sich gerade bemüßigt fühlte, sich komplett abzuschießen. Er wandte sich wieder Tarowski zu: „Mit Verlaub, Herr Tarowski, es irritiert mich doch etwas, dass Sie vorgeben, den Sohn von Roswitha Celari nicht zu kennen."

Als ob wiederum dies ein Stichwort gewesen wäre, öffneten sich die Aufzugtüren am anderen Ende des Raumes. Heraus trat eine hochgewachsene Dame. Stallitzer hatte sofort die Assoziation: Sollte Barbie eine schönere Nase haben und jemals altern, würde sie genau so aussehen. Stallitzer kannte die Dame nicht, aber es konnte sich nur um Roswitha Celari handeln. Sie trug einen Hosenanzug mit einer Art wehendem Umhang – wahrscheinlich waren dies sündhaft teure Designerklamotten.

Sie rauschte förmlich auf Stallitzer und Wagner zu. „Die Herren Wagner und Stallitzer – ich bin sehr erfreut, wirklich sehr, sehr erfreut", flötete sie.

Wagner blieb sitzen und nickte ihr nur zu. Der Alkohol schien jegliche Manieren fortgespült zu haben.

Stallitzer erhob sich und begrüßte Frau Celari mit einem Handkuss. Er konnte sich selbst nicht erklären, wieso er das gemacht hatte, aber diese Person strahlte mit jeder Bewegung, jedem Blick und jeder gesprochenen Silbe aus, dass sie eine Königin war. „Herr Stallitzer, Sie haben überhaupt nichts zu trinken. Tarowski, wären Sie so freundlich?"

„Ach, bei der Gelegenheit", sagte Wagner, kippte den letzten Schluck, der kaum mehr einer war, herunter und reichte Tarowski das leere Glas. Stallitzer meinte, dass Wagners Zunge schon schwerer geworden war.

Auch Frau Celari schien über Wagners Fehlverhalten hinwegzusehen.

Tarowski stellte nun drei Gläser auf den Tisch, alle in Form und Inhalt identisch. Nur, dass Wagners Glas doch wieder ein wenig voller war als die beiden anderen.

„Sie arbeiten also in der Firma meines guten Freundes Ferdinand Wantrupp. Ich bin sehr erfreut, Sie kennenzulernen."

Stallitzer ging nicht darauf ein. Vielmehr schaltete er direkt auf Angriff: „Frau Celari", wiederholte er auch ihr gegenüber, „wir beide ermitteln in einem sehr delikaten Fall. In diesem Zusammenhang haben wir herausgefunden, dass ihr Bentley in der Nacht zum Montag am Autohof Wilnsdorf stand."

Frau Celari nippte an ihrem Glas. „Ich frage Sie jetzt besser nicht, aufgrund welcher Aufnahmen oder Indiskretionen Sie dies herausgefunden haben. Ich kenne Ferdinands Firma, und ich weiß, dass solche Ungebührlichkeit manchmal nötig ist, um großen Schaden von seinen Klienten abzuwenden. Insofern werde ich mich darüber jetzt auch nicht echauffieren und Sie meines Hauses verweisen. Da Sie für Ferdinand arbeiten, werde ich Ihnen sogar erklären, wieso ich den Autohof aufgesucht habe. Tarowski hat mich wie immer tadellos zu einem Termin nach Osnabrück chauffiert. Dort habe ich einen Geschäftspartner getroffen. Auf der Rückfahrt von Osnabrück hat ein sehr menschliches Bedürfnis meinerseits einen kurzen Stopp notwendig gemacht. Sie verstehen, was ich meine. Diesen Stopp haben wir offensichtlich am Autohof Wilnsdorf eingelegt. Ich hätte Ihnen jetzt nicht sagen können, welche Raststätte es gewesen ist. Und ich bin sicher, Sie können mir auch die exakte Uhrzeit liefern, wenn Sie nur wollen."

Ihre Stimme wurde nur eine kleine Nuance schärfer, als sie fragte: „Ist Ihre Frage damit zu Ihrer Zufriedenheit beantwortet?"

Eine Antwort kam von Wagner. Er rülpste vernehmlich.

Okay, das war definitiv das letzte Mal, dass er mit diesem Menschen zusammengearbeitet hatte, dachte Stallitzer. Er hatte viel erlebt mit unsympathischen Kollegen während der vergangenen Berufsjahre – aber Wagner setzte gerade neue Maßstäbe. *Raus hier,* war der einzige Gedanke, zu dem er noch fähig war.

Stallitzer erhob sich. „Frau Celari, haben Sie ganz herzlichen Dank. Ja, ich glaube, unsere Frage ist beantwortet."

Er sah zu Wagner, der ein schiefes Lächeln aufgesetzt hatte. „Abflug, Kollege", sagte Stallitzer betont salopp.

Wagner brauchte zwei Versuche, bis er seinen wuchtigen Körper in die Senkrechte befördert hatte.

„Tarowski, würden Sie meine beiden Gäste bitte zum Ausgang begleiten?" Frau Celaris Tonfall machte deutlich, dass es sich nicht um eine Bitte handelte, sondern um einen Befehl.

Die Aufzugtür öffnete sich bereits, bevor Tarowski und seine beiden Gäste den Aufzug erreicht hatten. Wagner schwankte leicht. Jetzt hatte er Schluckauf. Stallitzer hielt den Blick starr nach vorn gerichtet. *Mein Gott, ist mir das peinlich*, dachte er.

Der Aufzug fuhr sanft hinab. Als die Türen sich wieder öffneten, durchschritten sie das Entree, dann ging es den kleinen Weg in Richtung Grundstückstor. „Hoppela", blökte Wagner, als er stolperte, sich aber wieder fing.

Tarowski öffnete das schmiedeeiserne Tor, Wagner nuschelte: „Danke, Herr Tarowski", stolperte abermals und hielt sich kurz an Frau Celaris Adlatus fest.

Dann wankte er durch das Tor auf den Bürgersteig. Stallitzer nickte Tarowski nur zu, und dieses Nicken beinhaltete sowohl eine Verabschiedung als auch eine mindestens zehn Seiten lange Entschuldigung für das Verhalten seines Kollegen.

Tarowski schloss das Tor hinter ihnen. Stallitzer achtete nicht darauf, ob dieser schon außer Hörweite war. Es war ihm auch völlig egal, als er lospolterte: „Sag mal, bist du noch bei Trost? Wie kannst du es wagen, dich hier volllaufen zu lassen? Wie kannst du es wagen –", er wusste nicht, wie er den Satz halbwegs taktvoll beenden sollte.

Wagner sagte nur: „Halt keine Volksreden, mach den Wagen auf, fahr los, und das flott." Jetzt war kein Nuscheln in seiner Stimme zu hören.

Stallitzer verstand die Welt nicht mehr.

„Abflug!", zischte Wagner und Stallitzer entriegelte die Türen des Chargers. Während Stallitzer noch um den Wagen zur Fahrerseite ging, hatte Wagner sich bereits im Fond platziert.

Stallitzer stieg in den Wagen, ließ den Motor an, fuhr los. Noch bevor er die ersten 50 Meter gefahren war, hatte Wagner auf dem Rücksitz bereits den Laptop aus der Tasche gezogen und ihn hochgefahren. In der Hand hielt er ein Handy, das nicht seins war.

Langsam dämmerte es Stallitzer. Wagner hatte nur den Betrunkenen gespielt. Wahrscheinlich war das Sofa nun ein wenig feucht, weil der gute Tropfen dem Leder spendiert worden war. Der letzte Rempler gegen Tarowski hatte nur dazu gedient, ihm das Handy aus der Innentasche zu ziehen.

„Tarowskis Smartphone?", fragte Stallitzer überflüssigerweise.

„Ja, natürlich. Und ich muss mich jetzt beeilen, denn er wird das sehr schnell spitzkriegen und ich bin sicher, dass er es auch von seinem Computer aus komplett sperren kann und in ein paar Minuten nichts mehr geht auf dem Handy."

„Ist der Bildschirm gesperrt?"

Wagner antwortete: „Ja. Wird aber offenbar mit einer Wischbewegung entsperrt. Ich sehe die Schlieren, die sein Finger hinterlassen hat. Wie die meisten hat auch er einfach nur die Form eines spiegelverkehrten Z gewischt. Aber jetzt halt die Klappe und lass mich arbeiten. Wenn ich den Inhalt des Handys auf den Rechner kopiert habe, bin ich wieder ansprechbar."

Stallitzer lenkte den Wagen nun schweigend in Richtung Frankfurt.

Wagner hatte das Smartphone sofort gründlich gereinigt und von seinen Fingerabdrücken befreit. Dann hatte er es in einen gepolsterten Briefumschlag gesteckt, Tarowskis Adresse auf ein Etikett gedruckt, eine Briefmarke daraufgeklebt und den Briefumschlag in die Ausgangspost gelegt. Wagner hatte das Bild des Monitors von seinem Laptop auf den großen Flachbildmonitor an der Wand dupliziert. So sahen alle, was Wagner auf den Bildschirm zauberte.

Toni und Stallitzer saßen ebenfalls am Tisch.

„Also, ich hab den gesamten Inhalt des Smartphones auf den Laptop kopiert. Darunter das komplette Adressbuch von Tarowski. Ich hab auch alle Anruflisten. Aber auf dem Smartphone befand sich noch etwas viel Besseres: Frau Celari hat dem Chauffeur Tarowski wohl nicht so ganz über den Weg getraut. Vielleicht ist es auch eine Auflage des Finanzamts. Wie dem auch sei: Auf diesem Smartphone ist eine Fahrtenbuch-App installiert. Alle Fahrten der letzten 14 Monate sind exakt dokumentiert."

„Das heißt, wir können die Bielefeld-Fahrt rekonstruieren?"

„Aber sowas von." Wagner klapperte ein bisschen auf der Tastatur herum. Dann sah man den Ausschnitt einer Deutschlandkarte. Am unteren Rand des Bildschirms konnte man Wiesbaden erkennen, am oberen Rand bildete Siegen den Abschluss.

„Um 18:15 Uhr fährt der Bentley am Neroberg los. Es geht quer durch Wiesbadens Innenstadt, und dann im Südosten bei Erbenheim auf die A 66."

Ein roter Punkt blinkte die Strecke entlang und hinterließ auf den genannten Straßen einen rosafarbenen Streifen, der die Route dokumentierte.

„Direkt auf der A 66 macht Tarowski dann den ersten Stopp, an der Raststätte auf der Höhe Flörsheim. Vielleicht haben

Tarowski und die Celari einen Kaffee getrunken. Wahrscheinlich haben sie den Bentley aber einfach nur betankt. Denn schon nach fünf Minuten geht es weiter. In Frankfurt fuhren sie dann auf die A5 nach Norden, am Gambacher Kreuz auf die A45, weiter Richtung Norden."

Stallitzer nippte an seinem Kaffee. Er hatte im Café um die Ecke drei Cappuccino gekauft. Natürlich konnte auch die Maschine bei Wantrupp & Wantrupp einen leckeren Kaffee zubereiten. Aber Stallitzer hatte den Eindruck gehabt, er müsse irgendwas gutmachen. Er wurde das Gefühl nicht los, er müsse sich bei Wagner entschuldigen. Das Beschämende war nicht, dass Wagner seinen Job so gut gemacht hatte. Das Beschämende war, dass er es ihm tatsächlich ohne jeden Zweifel zugetraut hatte, sich bei Tarowski volllaufen zu lassen – mit allen Konsequenzen.

„Bei Herborn gab es dann einen Stau. Dort stand der Bentley fast 20 Minuten lang an derselben Stelle. Dann ging es weiter. Um 20:01 Uhr fuhr der Wagen dann auf den Autohof auf."

Toni fragte: „Warum haben wir das nicht gesehen?"

Wagner klickte ein neues Fenster auf den Monitor: „Siehst du hier diesen Lastzug?" In das Standbild kam Bewegung. Mit dem Mauspfeil zeigte Wagner an den rechten oberen Rand des Bildes. „Da kommt er reingefahren. Dann verschwindet er hinter dem Lastzug, um auf den Parkplatz abzubiegen. Wäre der Laster nicht da gestanden, hätten wir da schon das Kennzeichen gesehen."

Wagner nahm einen Schluck des Cappuccinos. Er wischte das Fenster mit dem Video zur Seite, dann zeigte das Monitorbild wieder nur die Straßenkarte.

„Hier sehen wir, wie die beiden Motorradfahrer auf den Rasthof auffahren. Und keine 20 Minuten später – das Fahrtenbuch deckt sich exakt mit dem Zeitstempel der Überwachungskamera – verlässt der Bentley wieder den Autohof. Da der Lastzug erst fünf Minuten zuvor weggefahren ist, können wir nicht erkennen, ob irgendetwas in den Bentley geladen wurde."

Die rosafarbene Fahrstrecke von Wiesbaden zum Autohof verschwand, am Autohof war jetzt ein roter Punkt zu sehen, und von dort aus schlängelte sich wieder eine rosafarbene Fahrstrecke über die Karte. Sie glich zunächst exakt der Hinfahrt. Die A 45 Richtung Süden, am Gambacher Kreuz auf die A 5.

„Nun, damit wissen wir auf jeden Fall auch, dass die Geschichte um den Geschäftspartner, den man in Osnabrück treffen wollte, Blödsinn ist", brachte sich Stallitzer in die Diskussion ein.

„Auch wenn wir es auf den Aufzeichnungen nicht sehen können, denke ich trotzdem, dass sich der Pokal bei dieser Rückfahrt im Bentley befunden hat. Und jetzt wird es noch mal interessant, denn die Reise geht nicht direkt zurück nach Wiesbaden."

Wäre der Bentley zurück nach Wiesbaden gefahren, hätte er in Frankfurt auf die A 66 abbiegen müssen. Aber das tat er nicht. Der Bentley fuhr die A 5 weiter Richtung Süden. Stallitzer fragte: „Wo fährt er denn hin?"

Wagner grinste nur. Und sagte nichts.

Die Fahrstrecke führte an Darmstadt vorbei, immer weiter gen Süden. Eine Abfahrt hinter dem Darmstädter Kreuz, in Darmstadt-Eberstadt, wandte sich die rosafarbene Schlange nach rechts auf die B 426. Sie folgte der Bundesstraße bis nach Ober-Ramstadt. In der Dresdner Straße setzte sich die Schlange nicht weiter fort. Stattdessen zeigte sich ein roter Punkt.

„Dresdner Straße in Ober-Ramstadt. Da hält der Bentley. Um drei Uhr nachts. Für eine gute halbe Stunde. Dann bewegt er sich wieder, direkt in die Heimat zum Neroberg nach Wiesbaden."

Stallitzer konnte nicht anders: Er applaudierte. „Da hast du aber einen richtig guten Job gemacht!"

Auch Toni klopfte mit dem Fingerknöchel auf den Tisch. „Sauber!", sagte er nur.

„Du hast sicher die genaue Adresse?", wollte Stallitzer wissen.

„Ist der Papst katholisch?", konterte Wagner. Und nannte die Hausnummer. Dann holte er ein paar Fotos des Hauses auf den Bildschirm.

Auch eine nette Hütte, dachte Stallitzer. Das Bild zeigte ebenfalls eine Villa, aber eben eine Villa aus den 70er-Jahren des vorigen Jahrhunderts und keine Gründerzeitvilla.

„Wer wohnt da?", wollte Stallitzer wissen.

Nun grinste Wagner richtig breit. Er machte eine Kunstpause, um seinen Triumph gänzlich auszukosten: „Dort wohnt Kurt Reibert." Als sei damit alles gesagt, sprach Wagner nicht mehr weiter.

„Und das ist?"

„Da hat die Firmendatenbank Darmstadt eine Menge ausgespuckt: Kurt Reibert besitzt mehrere Firmen. Zum Beispiel die *Silbermanufaktur Reibert und Bloch* in Roßdorf. Dann die Juwelierkette *Glanzvoll.* Und schließlich noch zwei Holdings, deren Unternehmen auf der ganzen Welt Edelsteine abbauen. Und bei diesem Mann scheint unser Pokal entweder zu sein oder zumindest gewesen zu sein."

Auch wenn Stallitzer noch nicht verstand, was der Hintergrund dieser ganzen skurrilen Geschichte war, so verstand er doch einmal mehr, dass die Dimensionen dieses simplen Pokalraubs weit jenseits eines simplen Pokalraubs lagen.

Stallitzer sah auf die Uhr. „Wagner, gib mir eine Stunde. Dann statten wir diesem Reibert einen Besuch ab. Ohne Ankündigung."

Stallitzer verließ den Besprechungsraum. Er ging in sein eigenes Büro. Schloss die Tür. Es war Zeit, andere Quellen anzuzapfen. Er hatte sein Urteil über Paul Wagner revidieren müssen. Natürlich nervte der des Öfteren mit seinen Lilien-Anekdoten. Dennoch: Bei allen Recherchen, die in der digitalen Welt durchzuführen waren, war er der König. Auch Toni war da offensichtlich nicht schlecht, aber Wagner hatte doch noch etwas mehr kreativen Geist. Er gab die Richtung vor, in die man denken und ermitteln musste. Toni konnte die Fragen, die aus diesen Gedanken resultierten, dann auf den Punkt beantworten. Was Wagner auch selbst konnte, aber er hatte nun mal ebenfalls nur 24 Stunden am Tag zur Verfügung, um seine Rätsel zu lösen.

Stallitzer wählte einen Namen aus seinem Adressbuch. Klaus Schmidtke. Schmidtke war früher einmal Journalist gewesen. Bis sie ihn bei der Bild-Zeitung gefeuert hatten. Danach hatte er sich bei Wantrupp & Wantrupp als Detektiv beworben – vielmehr als Spezialist für Recherche. Obwohl sich Stallitzer für ihn eingesetzt hatte, wollte Wantrupp senior den ehemaligen Bild-Reporter nicht einstellen. Stallitzer hatte jedoch oft auf Schmidtkes Fähigkeiten als Trüffelschwein zurückgegriffen. Inzwischen arbeitete er offiziell als Freiberufler – und er hatte Stallitzer schon viele gute Dienste erwiesen.

„Helmut, alter Haudegen! Wenn du mich anrufst, dann weiß ich, dass bald ein paar Euros sprudeln. Wunderbar! Was kann ich für dich tun?"

Stallitzer berichtete über ihren aktuellen Fall. Und dann gab er Schmidtke einen ganz konkreten Rechercheauftrag. Eine

Recherche, die nicht in der Welt des Internets stattfinden würde, sondern in den Archiven alter Zeitschriften.

Und, genau genommen, war Schmidtke der König aller Archive alter Zeitschriften.

„Scheiße!", rief Wagner aus, als Stallitzer den Charger vor Kurt Reiberts Haus parkte.

„Was ist?", wollte Stallitzer wissen, „was hast du vergessen?" Er sah, wie Wagners Blick am Rückspiegel klebte. „Der Wagen! Ich wusste ja nicht, dass *Reibert* der Besitzer dieses Wagens ist!"

Stallitzer verstand nicht so recht, wovon Wagner sprach. Vor ihm auf der Straße stand ein Mini. Also das, was BMW seit einem Jahrzehnt als einen Mini definierte, eben ein Mini in Golf-Größe. Und wenn er in den Rückspiegel sah, dann erkannte er einen blau-weißen Mercedes älteren Baujahrs. Eine E-Klasse. Mit dem typischen Vieraugengesicht. Er schaltete den Motor aus, dann stiegen er und Wagner aus dem Charger.

„Siehst du das nicht?" Wagner zeigte auf den Mercedes.

„Äh, ja, ein blau-weißer Benz?"

Wagner deutete jetzt in Richtung des Mercedes-Sterns. Erst jetzt fiel Stallitzer auf, dass das Emblem überhaupt kein Stern war. An der Stelle, an der sich bei Mercedes der dreizackige Stern innerhalb des Kreises befand, war bei diesem Mercedes eine Lilie im Chromkreis platziert.

Wagner ging um den Wagen herum. Auch der Mercedes-Stern auf dem Kofferraumdeckel war eigentlich ein Lilien-Stern – oder wie immer man das nennen wollte.

„Ich hab den Wagen schon zehnmal gesehen, in Darmstadt. Nie habe ich nachgeguckt, auf wen er zugelassen ist. Ich bin ja selbst dran schuld. *Reibert* fährt diesen Wagen!!"

Mit einem Mal hatte Stallitzer das Gefühl, dass Wagner – dessen Recherchequalitäten er ja seit dem heutigen Tag ohne Einschränkungen anerkannte – bei diesem Fall nicht wirklich objektiv sein konnte.

„Kommst du jetzt?"

Stallitzer drückte die Klingel neben dem Gartentürchen. Aus dem Augenwinkel heraus erkannte er, dass auch auf den Klingelknopf eine Lilie geprägt war. Ohne, dass eine Stimme aus der Gegensprechanlage ertönte, erklang der Summer, der den Weg zum Haus freigab.

Die Tür wurde von einem älteren Herrn geöffnet. Und noch bevor Stallitzer auch nur ein Wort der Begrüßung oder der Erklärung abgeben konnte, war Wagner schon vorgeeilt und fragte: „Ihnen gehört dieser Benz? Der Lilien-Benz?"

Der Mann musterte Stallitzer und Wagner, erkannte in ihnen wohl keine Räuber, dann lächelte er in Richtung Wagner: „Sie sind also auch Fan?"

Wagners Augen begannen zu leuchten. Und Stallitzer fragte sich, ob es wirklich eine schlaue Idee gewesen war, den Kollegen hierher mitzunehmen.

„Dieser Wagen! Wahnsinn!"

„Ja, da sind unsere Jungs mitgefahren! Ich hab ihn ja so umbauen lassen, dass man das gesamte Dach zurückfahren kann."

Stallitzer verstand gar nichts mehr, aber Wagner sagte: „Der Aufstiegs-Corso. Stroh-Engel und Toni Sailer, die aus diesem Wagen herausgewunken haben!"

Der Mann, den Stallitzer inzwischen für Kurt Reibert persönlich hielt, ergänzte: „Und Sulu war auch drin!"

Sie hatten inzwischen die Haustür erreicht. Stallitzer stellte sich vor: „Helmut Stallitzer und Paul Wagner, wir sind von der

Detektei Wantrupp & Wantrupp. Dürften wir uns kurz mit Ihnen unterhalten?"

„Klar. Kommen Sie rein!" Es geht auch unkomplizierter als in Wiesbaden, dachte Stallitzer.

Auch in dieser Villa war der Eingangsbereich sehr großzügig gehalten. Zwar hatte der Raum keine gefühlten 50 Quadratmeter, dennoch war die Einrichtung sehr geschmackvoll gehalten. Die Wände zierten gerahmte Fotografien – offensichtlich Familienbilder.

„Was kann ich für Sie tun?", wollte Kurt Reibert wissen. Diesmal war es Wagner, der die Konversation in die Hand nahm. „Wir sind, wie der Kollege schon sagte, von der Detektei Wantrupp & Wantrupp. Eine Detektei, die sich besonders im deutschen Fußball verdient gemacht hat. Und wir hätten ein paar Fragen an Sie. Es geht um die Lilien. Und um den Bembler-Pokal."

Kurt Reibert nickte. „Na dann. Kommen Sie doch bitte rein."

Er führte die Gäste in ein Wohnzimmer. Nach so viel schwerem Leder in den vergangenen 48 Stunden war Stallitzer regelrecht dankbar dafür, hier eine modernere Einrichtung vorzufinden. Offenbar schien auch Kurt Reibert nicht von Geldnöten geplagt zu sein – aber Stallitzer erkannte eine Ikea-Einrichtung, wenn er eine sah. Was diesem großzügigen, lichten Raum durchaus zum Vorteil gereichte. Zwei moderne, blaue Ledersofas, über Eck gestellt, bildeten das Zentrum des Raumes. Sie waren die einzigen Farbflecken in einem ansonsten ganz in Weiß gehaltenen Raum. Sogar der Kamin folgte diesem Farbkonzept.

Auf dem Kamin stand ein Pokal. Wagner blieb vor dem Silbertopf stehen.

Stallitzer fühlte sich ein bisschen an den Bembler-Pokal erinnert. Doch da, wo beim Bembler Pokal das Blech mit Glas-Äpfeln verziert war, prangten auf diesem Stück Edelsteine. Oder zumindest gefärbte Glasbausteine, das konnte Stallitzer auf die Entfernung nicht erkennen.

„Der DFB-Pokal. Also ein Modell. Vielleicht zwei Drittel so groß, nicht wahr?"

Reibert nickte. „Ja. Solange die Lilien den nicht selbst gewinnen, habe ich wenigstens ein Modell hier."

Kurt Reibert war wohl die eine Hälfte im Namen der *Silberwarenmanufaktur Reibert und Bloch* aus Roßdorf. „In Ihrem Unternehmen gefertigt?", fragte Stallitzer.

„Selbstverständlich!", sagte Reibert, und in jeder Silbe schwang Stolz mit.

„Ihr Unternehmen stellt Pokale her?"

„Nun", Reibert schmunzelte, „nein. Wir könnten das, aber wir machen es nicht. Unser Kerngeschäft ist feinstes Silberbesteck. Unser großer Mitbewerber *Koch und Bergfeld* aus Bremen, der hat die ganzen Kaiser und Fürsten mit seinen Gabeln und Messern beliefert. Unser Haus hat alle Großherzöge von Hessen Darmstadt – und, das erwähne ich besonders gern, auch die vom Hause Hessen Kassel mit Tafelsilber versorgt. Nun, heute gibt es keinen Adel mehr, sondern nur noch Geldadel. Doch auch dieser leistet sich gern gutes Silberbesteck. Und bei den Bremern, da werden auch Pokale gefertigt."

Wagner war inzwischen vom Kamin weggetreten. Seine Augen gingen auf Wanderschaft. Denn auch in diesem Raum hingen gerahmte Fotografien an den Wänden. Und eine dieser Fotografien schien auf Wagner eine hypnotische Wirkung zu haben. Okay, die junge Frau, die darauf abgebildet war, war wirklich hübsch. Aber wieso konnte Wagner seine Augen nicht von diesem Foto lösen?

158

Kurt Reibert bot seinen Gästen Platz an, setzte sich selbst.

Stallitzer sah zu Wagner. Der schien überhaupt nicht mehr ansprechbar zu sein. Also ergriff Stallitzer das Wort: „Herr Reibert, wir ermitteln im Moment in einem sehr delikaten Fall." Die Standarderöffnung. „Es geht um den Bembler-Pokal." Stallitzer hatte sich dazu entschieden, einfach nach vorn zu preschen. Er konnte nichts mehr verlieren, dachte er.

Kurt Reibert nickte nur, sagte nichts, quasi die Aufforderung an Stallitzer, weiterzusprechen.

„Hat Ihr Unternehmen seinerzeit den Bembler-Pokal hergestellt?", fragte Stallitzer, während er nochmal in Richtung des Pokals auf dem Kaminsims schaute.

„Sie meinen diese Blechschüssel, die die Lilien fünfmal gewonnen haben? Vor rund 15 Jahren oder so? Ich erinnere mich daran, dass sie diesen Pott ein paar Mal geholt haben. Wir haben den nicht hergestellt. Wie ich schon sagte, wir sind eine Silbermanufaktur, keine Blechschnitzer. Mit Verlaub, das ist jetzt so, als ob Sie den Mercedes-Vorstand gefragt hätten, ob sein Unternehmen eigentlich für die Produktion des Trabants verantwortlich gewesen wäre."

„Hatten Sie Kontakt zu Robert Tarowski?"

Reibert sah zu Wagner, der seinen Blick immer noch nicht von der Fotografie gelöst hatte, dann zu Stallitzer. „Robert Tarowski. Klar. Ein Freund des Hauses."

Kein Leugnen, kein Abstreiten – Reibert gab das Offensichtliche einfach zu.

„Tarowski ist oft für Roswitha Celari, seine Chefin, unterwegs. Aber das wissen Sie sicher auch, wenn Sie heute mit mir hier reden wollen."

Stallitzer hatte erwartet, dass Reibert den Kontakt zu Tarowski oder der Celari niemals freiwillig zugeben würde. Er hatte sich getäuscht. Und wusste für einen Moment nicht, wie er die weitere Befragung angehen sollte. Der kurze Blick zu Wagner verriet, dass auch der keine große Hilfe sein würde. War dies wieder irgendein Trick von Wagner, von dem Stallitzer nichts wusste?

„Herr Reibert, wir wissen, dass Herr Tarowski in der Nacht zum Montag, dem 21. März, bei Ihnen war. Für ungefähr eine halbe Stunde. Uns würde interessieren, warum er zu Ihnen gefahren ist."

Stallitzer registrierte das kurze Stirnrunzeln in Reiberts Gesicht. Damit, dass er offensichtlich von dem Treffen wusste, hatte Stallitzer Reibert überrascht.

Es klopfte an der Tür. Reibert sagte nur: „Herein."

Die Tür öffnete sich. Und die Dame, die auf dem Foto abgebildet war, trat nun in voller Lebensgröße in den Raum. „Hallo, Papa. Entschuldige bitte, ich wusste nicht, dass ich störe."

„Du störst überhaupt nicht", sagte Kurt Reibert. Und Stallitzer bemerkte, dass Reibert über die Unterbrechung sehr froh war. „Das ist Helmut Stallitzer", er deutete auf ihn, „und das ist sein Kollege Paul Wagner. Beide sind von der Detektei Wantrupp & Wantrupp."

Reibert wandte sich Stallitzer zu: „Das ist meine Tochter Nikola."

Nikola Reiberts Blick fiel kurz auf Stallitzer, dann auf Wagner. Dessen Blick wanderte kurz zwischen Fotografie und realer Frau hin und her. Dann brannte er sich am realen Wesen fest.

Nikola setzte sich auf eines der Sofas. „Ich störe euch wirklich nicht?", warf sie in den Raum.

Der Papa antwortete: „Natürlich nicht."

Die drei Männer ließen sich ebenfalls auf den Sofas nieder. Paul Wagner saß Nikola Reibert schräg gegenüber, die seinen Blick erwiderte und lächelte.

Wieder zu Stallitzer gewandt, fragte Reibert. „Wo waren wir?"

„Robert Tarowski. Er war in der Nacht zum Montag für eine halbe Stunde in Ihrem Haus."

„Ach ja, Tarowski. Wissen Sie, was er abgeholt hat? Eine Kiste mit 100 T-Shirts. Er versorgt die Fans in Wiesbaden mit Utensilien unseres Vereins. Sehr löblich. Einen Bayern-München-Artikel können Sie überall in der Republik kaufen. Aber wenn ein Wiesbadener für die Lilien schwärmt, hat er ein Problem, in der eigenen Stadt an Fanartikel zu kommen. Und Robert Tarowski ist ein Mann, der sich für die Lilien richtig einsetzt."

„Morgens um drei?", fragte Stallitzer.

„Morgens um drei", bestätigte Reibert.

So viel Engagement! Es war eine Antwort, die Paul Wagner sicher gefallen hätte, wenn er noch irgendetwas von seinem Umfeld wahrgenommen hätte. Sein Blick war fixiert auf Nikola Reibert. Und Stallitzer konnte nicht umhin, festzustellen, dass auch Nikola Reibert Paul Wagner nicht mehr aus den Augen ließ. Nikola Reibert war wirklich eine attraktive Frau. Und Paul Wagner, soweit Stallitzer das als Mann beurteilen konnte, nicht wirklich ein attraktiver Mann. Seine Attraktivität war einfach unter 30 überflüssigen Kilos versteckt.

„Ich bin sehr froh, dass Tarowski die Wiesbadener Fans versorgt", sagte Nikola Reibert. „Wir schaffen es auch immer, bei den Heimspielen noch ein paar Karten für die Wiesbadener zurückzuhalten. Ist doch gut, wenn es auch in der Landeshauptstadt ein paar Lilien-Fans gibt." Während sie den letzten Satz sagte, schaute sie Paul Wagner in die Augen.

Der nickte nur.

Was passiert hier gerade, fragte sich Stallitzer.

Die Erklärung, die die beiden Reiberts da gerade ablieferten, war mehr als dürftig. Und sein Kollege Wagner schien inzwischen auf einem anderen Stern zu wohnen. Dass sich seine Pupillen nicht zu Herzen verformten, war alles.

Stallitzer erhob sich: „Dann bedanke ich mich ganz herzlich für die Zeit, die Sie sich genommen haben."

Auch Reibert und seine Tochter erhoben sich. Mit einem winzigen Zeitversatz von vielleicht zwei Zehntelsekunden tat Wagner das auch.

Vor der Haustür verabschiedete sich Reibert mit Händedruck von den beiden. Nikola Reibert hingegen empfahl sich Wagner mit einem Küsschen rechts und links auf die Wange. Die Farbgebung eines Hydranten beschrieb danach dessen Hautfarbe nur unzureichend.

Auch als sie fünf Minuten später in Richtung Autobahn fuhren, hatte Wagner noch kein Wort gesagt. Er starrte völlig entgeistert durch die Frontscheibe. Seine Hautfarbe hatte sich wieder normalisiert. Aber irgendetwas hatte ihn in einen katatonischen Zustand versetzt. Wachkoma.

„Was ist denn mit dir los?", wollte Stallitzer dann wissen, nachdem sie auf die A 5 aufgefahren waren.

Wagner bewegte den Kopf nicht. Er sagte nur ganz leise: „Ich habe sie gefunden."

Na, das habe ich selbst begriffen, dachte Stallitzer.

„Hast du sie heute zum ersten Mal gesehen?"

„Ja. Nein", formulierte Wagner.

Stallitzer schaltete die Musikanlage an. Mit Wagner war kein vernünftiges Wort zu reden. Aus der Anlage erklang „*Why do fools fall in love?*" in der Version von Diana Ross. *Passend,* dachte Stallitzer. Aber er hatte immer noch nicht verstanden, was da eigentlich gerade im Haus der Reiberts geschehen war.

Auf Höhe des Frankfurter Flughafens nestelte Wagner plötzlich in seiner Jacketttasche herum. „Was ist?", fragte Stallitzer.

„Da ist was in meiner Tasche." Dadurch, dass Wagner nicht kurz den Gurt abschnallte, war seine Bewegungsfreiheit etwas eingeschränkt. So dauerte es ein paar Sekunden, bis er plötzlich ein kleines Kärtchen in der Hand hielt. Er starrte darauf, als habe er ein Matchbox-Auto aus seiner Kindheit wiedergefunden, das er seit einem Vierteljahrhundert verloren geglaubt hatte.

„Und?"

Wagner war wieder rot geworden. Und sah Stallitzer an. „Sie hat mir ihr Kärtchen zugesteckt." Dann wiederholte er es ungefähr noch zehnmal flüsternd vor sich hin. Eine kurzfristige, massive Überflutung durch Glückshormone konnte einen klar denkenden Menschen binnen Sekunden in einen Narren verwandeln.

„Wie gehen wir jetzt weiter vor?" Stallitzer erwartete keine vernünftige Antwort. Er wurde auch nicht enttäuscht: Sie erfolgte nicht.

Und dann sprudelte es aus Wagner heraus. „Ich kann es nicht fassen, ich kann es einfach nicht fassen!", plapperte er. „Es war, es war – es war wie 1985. Wie der Abschlag von Huxhorn! Unglaublich, einfach unglaublich."

Wenn Wagner jetzt nicht die Geschichte erzählen durfte, auf die er gerade anspielte, würde er wahrscheinlich platzen. Also war es eine rein lebenserhaltende Maßnahme, dass Stallitzer fragte: „Was war da?"

„27. April, gegen Fortuna Köln in der 2. Liga, 0:0. Unser Tormann Wilhelm Huxhorn drischt den Ball nach vorne. Aus dem eigenen Strafraum heraus. Mann, hatte der einen Wumms! Und der Kölner Torwart rennt nach vorne, um den Ball einfach aufzufangen. Aber er hat die Flugbahn falsch eingeschätzt. Der Ball springt noch mal auf und über den Torwart hinweg. Und ins Kölner Tor hinein! Stell dir das vor! Ein Tor aus 102 Metern Entfernung! Das ist bis heute im ganzen deutschen Profifußball das Tor, das aus der größten Distanz geschossen wurde." Wagner holte kurz Luft, dann sprudelte er weiter: „Und genauso war es bei mir und Nikola gerade. Dass wir uns finden, war genauso unwahrscheinlich, wie ein Tor aus einer solchen Entfernung zu machen."

Wagner stellte sein verbales Sprudeln ein.

Na ja, dachte Stallitzer, *die Metapher hinkt wohl ein bisschen.* Aber für einen Menschen, der ausschließlich in Fußballmetaphern denken konnte, war es wohl die beste, die zur Verfügung stand. Er sagte: „Pass auf, wir gönnen uns jetzt eine Pause von drei Stunden, dann treffen wir uns wieder im Büro. Geh eine Runde spazieren, fahr eine Runde mit deinem Bike – aber nachher will ich, dass du wieder voll da bist."

Wagner nickte nur. Stallitzer fuhr von der Autobahn ab, kurz darauf parkte er den Charger auf dem Parkplatz von Wantrupp & Wantrupp – zehn Meter von Wagners Motorrad entfernt.

Allerdings war Stallitzer klar, dass die Wahrscheinlichkeit, dass Wagner in drei Stunden seinen Hormonhaushalt auf „Standard" zurückgeschraubt haben würde und damit seine Leistungsfähigkeit wieder bei 100 Prozent lag, ungefähr so hoch war wie die, ein zweites Tor im selben Spiel aus 102 Metern Entfernung zu erzielen …

Stallitzer ging in sein Büro. Er setzte sich auf den Bürostuhl, sah aus dem Fenster und dachte nach. Sie hatten mehrere Optionen. Sie konnten Reibert beschatten, denn Stallitzer war sich sicher, dass der Pokal bei ihm war oder gewesen ist. Aber er war sich ebenso sicher, dass Reibert sich kaum die Blöße geben und mit dem Pokal in einer Kiste aus dem Haus spazieren würde. Wenn der Pokal bei ihm war, oder vielmehr in seiner Obhut, so war er ganz bestimmt an einem sicheren Ort gelagert, über den selbst die Polizei mit einem Hausdurchsuchungsbefehl in der Hand nicht stolpern würde.

Was Stallitzer abgesehen vom Aufenthaltsort dieses Pokals jedoch überhaupt keine Ruhe ließ, war der monströse Apparat, der aufgefahren worden war, um diese völlig unbedeutende Schüssel zu klauen. Jack the Leg, Rose the Nose, Kurt Reibert – das waren einfach viel zu große Namen. Es fühlte sich so an, als ob man ein Theaterstück, das von Laien eines Sportvereins in Mühltal geschrieben worden war, durch die Shakespeare-Company aufführen ließ. Es passte so überhaupt nicht zusammen.

In diesem Moment klingelte Stallitzers Handy. Schmidtke war dran. Stallitzer nahm den Anruf an.

„Helmut, ich glaube, ich bin auf etwas gestoßen. Können wir uns treffen?"

Das war genau der Satz gewesen, den Stallitzer gehofft hatte, im Laufe des Tages zu hören.

Da Schmidtke in Weinheim wohnte und Stallitzer in Frankfurt war, trafen sie sich auf der Hälfte des Weges in Darmstadt.

Den einzigen Ort, den Schmidtke in Darmstadt kannte, war die Mathildenhöhe. Und die auch nur, weil sein Bruder eine Darmstädterin im Hochzeitsturm geheiratet hatte. Im Platanenhain gab es ja noch dieses knuffige Café in einem Holzcontainer, von dem Stallitzer hoffte, dass man es nicht wieder abbauen würde. Immer, wenn er in den vergangenen zwei Jahren mal in Darmstadt gewesen war, hatte er sich dort ein gutes Stück Kuchen gegönnt und einen schmackhaften Kaffee. Wenn das Wetter mitspielte, konnte man sogar draußen sitzen – wie am heutigen Tag.

Als Schmidtke eintraf, hatte Stallitzer bereits der Versuchung nachgegeben, die Entscheidung, ob er ein Stück Himbeer- oder Marzipantorte essen sollte, nicht zu treffen. Er hatte bereits beide Kuchenstückchen verdrückt.

Auch Schmidtke bestellte sich einen Kaffee und ein Stück Kuchen. Nach zehn Minuten Small Talk fragte Stallitzer: „Und, was hast du rausgefunden?" Dass er überhaupt so lange durchgehalten hatte, nicht direkt mit der Tür ins Haus zu fallen, war nur der Höflichkeit geschuldet. Immerhin hatte er Schmidtke zwei oder drei Jahre lang nicht gesehen.

Schmidtke zog eine DIN-A4-Mappe aus seiner Tasche. Doch er öffnete sie nicht gleich. „Zunächst einmal habe ich mir die Zeitungsartikel angeschaut, in denen Gustav Bembler erklärt, wieso er diesen Pokal überhaupt gestiftet hat. Ich mach's kurz: Der Pokal, das war Gustav Bemblers Baby. Ich habe allein drei Interviews mit ihm gelesen, in denen er den Bembler-Pokal als hessischen Champions-League-Pokal bezeichnete. Bembler war auch bei allen fünf Endspielen um den Pokal mit dabei."

Schmidtke öffnete die mitgebrachte Mappe zum ersten Mal. Er zog drei Fotografien heraus und legte sie auf den Tisch. „In drei aufeinanderfolgenden Jahren aufgenommen. Immer bei der Siegesfeier des SV 98, als die Mannschaft den Pokal gewonnen hat. Und immer Bembler, der im Wettbewerb mit dem Pokal steht, wer leuchtender strahlen kann."

Stallitzer betrachtete die Fotos. Schmidtke hatte recht.

„Wer den Pokal geklaut hat, der wusste auf jeden Fall, dass er für Bembler sehr wichtig ist, oder auf jeden Fall mal sehr wichtig war. Tja, und dann habe ich das getan, um was du mich gebeten

hast: noch ein bisschen tiefer zu graben. Und ich habe herausgefunden, dass es zwischen den ganzen Spielern, die du mir
genannt hast, tatsächlich eine Verbindung gibt."

Mit Spielern bezog sich Klaus Schmidtke nicht auf
irgendwelche Fußballer. Vielmehr auf Tarowski, Rose the Nose,
Kurt Reibert und Gustav Bembler.

„Wo fang ich an?", musste Schmidtke sich zunächst sortie-
ren. „Vielleicht bei Rose the Nose alias Roswitha Celari. Sie und
der alte Bembler, damals noch der junge Bembler, kannten sich.
Und sie kannten sich sogar recht gut."

Schmidtke öffnete die Mappe und zog den Abzug einer
Fotografie im DIN-A 5-Format heraus. Er legt es auf den Tisch.

Auf dem Bild waren drei Männer zu sehen, alle mit Anzug
und Krawatte, alle wohl so Mitte 20. Jeder hatte die rechte
Hand vor die Brust gestreckt, mit gespreizten Fingern. „Dieses
Bild habe ich aus dem Archiv der Frankfurter Rundschau. Es ist
sogar abgedruckt gewesen, 1965. Du kennst den Frankfurter
Opernball?"

Stallitzer nickte. Wer kannte nicht das Großereignis der
Reichen und Schönen. 1981 zum ersten Mal in der restaurier-
ten Alten Oper Frankfurt zelebriert, war es für mehr als 30 Jahre
lang das Ereignis für die High Society – nicht nur aus der Apfel-
wein-Metropole. „Nun, solche Bälle gab es auch in den Jahren
zuvor, wenn auch nicht als feste Institution. Dieses Bild ist ent-
standen in der Jahrhunderthalle in Höchst bei Frankfurt. Die
war damals gerade gebaut worden. Der Mann in der Mitte ist
Gustav Bembler. Und die Bildunterschrift lautete: Und wann
kommt der Bembler-Junior unter die Haube?"

Jetzt fiel es Stallitzer auf: Die Ringfinger der Männer rechts
und links von Gustav Bembler zierte jeweils ein Ehering.

„Und was hat das mit Roswitha Celari zu tun?"

Schmidtke grinste, öffnete abermals die Mappe und zog eine weitere Fotografie heraus. Darauf zu sehen: Gustav Bembler, der eine schöne Frau im Arm hält. Beide strahlen in die Kamera.

„Das war auch abgedruckt. Direkt daneben. Die Bildunterschrift dazu lautete: Roswitha Celari – wird sie die Glückliche sein?"

„Die beiden waren liiert?"

Schmidtke nickte. Wieder öffnete er die Mappe. *Er genießt es, das spannend zu machen,* dachte Stallitzer. Aber so war Schmidtke schon immer gewesen. Stets auf eine gute Pointe bedacht. Hätte Drehbuchschreiber werden sollen.

Schmidtke legte drei weitere Fotografien auf den Tisch, die Bembler und Celari beim Tanzen zeigten. Es schien sich offensichtlich nicht um einen Rock'n'Roll zu handeln. Auf dem dritten Bild tanzten sie Wange an Wange. Eine Fotografie, die man Anfang der 60er wohl kaum in einer Zeitung abgedruckt hätte.

„Woher hast du die Fotos?", wollte Stallitzer wissen.

„Archiv der Frankfurter Rundschau", antwortete Schmidtke. „Ich habe noch zwei Artikel in der damaligen Klatschpresse gefunden, oder sagen wir mal, das, was damals als Klatschpresse galt. Um es kurz zu machen: Die beiden waren fest liiert. Und das mindestens ein Jahr lang. Aber es war nie zu einer Verlobung oder gar zur Hochzeit gekommen. Die Verlobung gab es allerdings knapp ein Jahr später."

„Mit Roswitha?"

„Nein, eben nicht mit Roswitha."

Die nächste Bilderserie landete auf der Tischplatte. „Gustav Bembler hat ein knappes Jahr später ganz groß die Verlobung mit seiner späteren Frau gefeiert: Gisela Müller."

Stallitzer betrachtete die Aufnahmen. Ganz klar: Die beiden gehörten zusammen. Und analog zum Bild, das ein Jahr zuvor vom Junggesellen Bembler geschossen worden war, hielten auf diesem Foto Gustav Bembler und Gisela Müller ihre linke Hand demonstrativ in die Kamera. An den Ringfingern steckte jeweils ein Verlobungsring.

„Okay, soweit kann ich dir folgen. Die Celari und Gustav Bembler hatten vor langer, langer Zeit eine Beziehung. Oder Affäre, oder wie immer man das damals nannte, wenn man nicht verlobt war. Aber was hat das jetzt mit dem Pokalraub in der Gegenwart zu tun?"

Schmidtke öffnete abermals seine Mappe. „Jetzt kommt die letzte Fotografie", sagte er und legte dieselbe auf den Tisch. „Wieder ein Ball in der Jahrhunderthalle Höchst, etwas mehr als ein Jahr nach dem vorigen. Bembler ist seit zwei Monaten verlobt."

Die Fotografie zeigte Bembler beim Tanz mit seiner Verlobten. „Und?" Stallitzer konnte die Pointe nicht sehen.

Schmidtkes Finger zeigte auf den rechten Bildrand. Dann sah es auch Stallitzer: Roswitha Celari blickte aus dem Hintergrund des Bildes auf das tanzende Pärchen. Und ihr Gesicht spiegelte sehr deutlich wider, was sie empfand: ziemlich genau das Gegenteil von Freude.

„Eine späte Rache dafür, dass sie damals abserviert wurde?", überlegte Stallitzer laut.

„Das wäre zumindest eine Möglichkeit."

Stallitzer erschien es jedoch völlig unwahrscheinlich. Fast 50 Jahre später lässt Roswitha Celari einen Pokal klauen, kurz bevor der in ein Museum kommt? Solch eine Rache wäre viel sinnvoller gewesen, als seinerzeit um den Pokal gespielt wurde. Überhaupt – nur, weil Bembler in diesem Pokal seinen Augenstern sah, war es nach wie vor eine völlig bescheuerte Idee, den Pokal zu klauen. Und es erklärte auch nicht den Aufwand, der betrieben worden war.

„Grab noch ein bisschen tiefer."

„Und wem schicke ich meine Rechnungen?"

„An mich, bei Wantrupp & Wantrupp."

„Wunderbar!" Schmidtke strahlte – und bestellte sich bei der hübschen, blonden Bedienung noch ein Stück Kuchen.

Eigentlich hatte Stallitzer seinen Chef – so ungern er dieses Wort auch in Bezug auf Wantrupp junior verwendete – gar nicht aufsuchen wollen. Sein Ziel war der Kollege *Carglass* gewesen. Der hatte seinen Spitznamen daher, dass er für die gesamte rollende Logistik sowohl der Kanzlei als auch der Detektei zuständig war. Außerdem hatte er ein Glasauge. Er war der Mann, der auch kurzfristig für größere Observationen die nötigen Autos auftrieb. Und natürlich auch genügend Leute, die diese Autos besetzten.

Doch jetzt saß Stallitzer in Michael Wantrupps Büro. Wantrupp residierte hinter seinem Eichenschreibtisch direkt gegenüber der Bürotür. Chantal schien bei Wantrupp junior ins Büro eingezogen zu sein. Offensichtlich hatte sie nichts anderes zu tun. Sie saß auf einer der beiden Besuchercouches. Vor ihr stand ein Cocktailglas, mit quietschbunter Flüssigkeit gefüllt. Wantrupp hatte Stallitzer regelrecht abgefangen, als er den Flur entlanggegangen war. Nun sollte er Wantrupp Rapport erstatten.

Er berichtete Wantrupp über ihre Gespräche mit Roswitha Celari, Robert Tarowski, Kurt Reibert und auch dessen Tochter Nikola Reibert. Doch er erzählte noch nichts über das, was Schmidtke ihm über das Verhältnis von Roswitha Celari und dem Apfelweinkönig Gustav Bembler berichtet hatte.

„Und was planen Sie jetzt?"

„Ich bin ganz sicher, dass der Pokal entweder bei Tarowski ist oder, noch wahrscheinlicher, bei Kurt Reibert. Ich habe keine

Ahnung, was der dort soll, ich habe auch noch keine Ahnung zu den Motiven – aber das ist sekundär. Wir müssen den Pokal finden, alles andere ist zweitrangig."

„Aber wir können jetzt nicht die Häuser durchsuchen."

„Nein. Jedoch können wir Celari, Tarowski, Reibert und auch seine Tochter beschatten. Das halte ich für den besten Weg. Oder, um es anders zu formulieren – ich weiß im Moment keinen anderen."

Während Stallitzer sprach, entging ihm nicht, dass zwischen Wantrupp junior und Chantal ständig ein wahres Feuerwerk an Blicken gezündet wurde. Nach dem letzten visuellen Pingpong wedelte Wantrupp mit der Hand und sagte nur: „Jaja, machen Sie nur."

Stallitzer verließ das Büro, schloss die Tür und war kurz versucht, sie 15 Sekunden später einfach wieder aufzureißen, nur um Wantrupp in einer kompromittierenden Situation erwischt zu haben.

Er gab dem kindischen Verlangen nicht nach und ging direkt zu Carglass.

„Also, was genau brauchst du?", wollte Carglass wissen.

Und Stallitzer zählte auf: „Zwei Wagen mit je zwei Insassen vor dem Haus in Wiesbaden, in dem Roswitha Celari und Robert Tarowski wohnten. Wechsel der Besatzung alle sechs Stunden." Für gewöhnlich waren solche Schichten acht, zehn oder manchmal auch zwölf Stunden lang. Aber bereits beim ersten Treffen in der Lilienschänke hatte man Stallitzer ja deutlich gemacht, dass sie auf alle nötigen Ressourcen zugreifen konnten. Und wenn er schon die Möglichkeit hatte, die Schichten so zu besetzen, dass keine Gefahr bestand, dass die Mannschaft unaufmerksam wurde oder gar einschlief, dann würde er diese Chance nutzen. Stallitzer fuhr fort: „Die Wagen sollten nicht auffallen, also nicht zu billig sein, aber auch nicht so teuer, dass sie sofort auffallen. Also kein Bentley, und auch kein Rolls-Royce. Das gleiche gilt für die Dresdner Straße in Ober-Ramstadt. Auch dort zwei Wagen mit zwei Leuten. Der eine am besten ein Mitsubishi Colt in hellem Metallicblau. Vorletzte Baureihe. Darmstädter Kennzeichen. So einen Wagen habe ich dort vorhin stehen sehen. Der fällt dann nicht auf, wenn er nicht gerade direkt neben seinem Doppelgänger steht. Das andere war ein Smart, nicht das aktuelle Modell, sondern der Vorgänger. Ganz in Schwarz, auch ein Darmstädter Kennzeichen."

„Sonst noch was?"

Stallitzer hatte eine Eingebung: „Das Ganze auch noch vor dem Privathaus von Gustav Bembler. Und bitte noch ein Fahrzeug vor dem Haus von Bembler junior."

„Hast du da auch die Adressen?", wollte Carglass wissen.

„Bekommst du gleich."

Stallitzer ging in das Büro, in dem Toni noch saß. Fünf Minuten später hatte er die beiden Privatadressen. Wieder im Büro von Carglass, diktierte er sie dem Kollegen.

„Das kriege ich hin. Ab wann?"

„Ab sofort. Ich und Wagner übernehmen auch eine Schicht."

„Welche? Und vor welchem Haus?"

„Einen Moment, ich ruf mal an." Stallitzer hatte Wagners Nummer auf die Kurzwahl ‚9' gelegt. Das war jene Nummer, die er immer nur temporär bei irgendwelchen Fällen für den jeweiligen Partner reservierte. Wagner ging nicht dran. Stallitzer sprach auf die Mailbox: „Ruf mich zurück. Wir planen eine große Observation. Wir gucken denen jetzt auf die Finger. Und zwar ganz genau. Also melde dich. Und zwar schneller als Heller." Viel hatte er von den vergangenen Spielen der Lilien ja nicht mitbekommen. Aber dass Heller den Turbo einschalten konnte, wenn er losrannte, das hatte sogar Stallitzer mitbekommen.

Zehn Minuten später hatte sich Wagner immer noch nicht gemeldet. Stallitzer ging ans Fenster und schaute hinaus. Wagners Aprilia-Motorrad stand nicht mehr an seiner Stelle. Er war fortgefahren.

Wieder wählte er Wagners Nummer: „Kollege! Anrufen!"

Doch auch weitere fünf Minuten nach diesem Anruf gab es keine Reaktion. Stallitzer, kein Freund von Chat-Programmen, hatte auf seinem Smartphone jedoch alle möglichen Messenger installiert. Wagner war aktiv bei WhatsApp. Also schickte er ihm dorthin auch noch eine Nachricht: „Melde dich. Jetzt. Nicht in zwei Minuten." Zwei Minuten später erkannte er, dass Wagner die Nachricht gelesen haben musste. Doch noch immer reagierte er nicht. Langsam wurde Stallitzer sauer. Was war in seinen Kollegen gefahren? Auch wenn Wagner nicht sein Lieblings-Kollege war – bislang hatte er sich immer als zuverlässig gezeigt. Er schrieb noch eine Nachricht: „MELDE DICH!!!!!!" Gemeinhin neigte Stallitzer nicht dazu, in E-Mails, SMS oder anderen Nachrichten zu ,schreien', in dem er alle Buchstaben großschrieb. Doch diesmal meinte er es genau so.

Doch Wagner hatte diese Nachricht gar nicht mehr geöffnet. Der Kerl hatte wohl nicht mehr alle Tassen im Schrank. Oder alle Bälle an der Latte. Jetzt begann Stallitzer, sich über sich selbst zu ärgern: Innerhalb der vergangenen zehn Minuten war es bereits die zweite Fußball-Metapher, die ihm durch den Kopf schoss. So grottenschlecht auch immer sie waren. Zeit, dass sie diesen blöden Fall endlich lösten.

Auch nach weiteren fünf Minuten hatte Wagner die Nachricht weder gelesen, geschweige denn beantwortet.

Stallitzer ging zu Carglass. „Vergiss die Schicht für mich und Wagner. Setz andere Leute ein. Die Schicht in sechs Stunden übernehmen dann Wagner und ich. Teil uns ein, wo immer es dir passt."

Carglass sagte: „Alles klar. Die Überwachung wird um 20:00 Uhr starten. Ich nehme euch beide erstmal raus. Und Stallitzer – du wirkst ein bisschen angespannt. Geh du auch mal schlafen. Ich setze euch beide ab 8:00 Uhr ein. Melde dich um sechs, dann weißt du, wo ihr beide Dienst schiebt."

Stallitzer klopfte Carglass auf die Schulter. „Danke, Kollege", sagte er, und verließ das Büro. Mitnichten, um jetzt nach Hause zu gehen. Schon gar nicht, um in sein eigenes Büro zu gehen. Das, was er jetzt wissen wollte, konnte nur Toni ihm beantworten.

Wagner saß auf seinem Balkon. Er liebte diesen Ort. Die Hausbesitzer hatten in das Dach des Gründerzeitbaus eine Dachterrasse einbauen lassen. Sie war nach Süden ausgerichtet. Im Sommer schien die Sonne von morgens um elf bis hin zum Abend direkt auf sein kleines Paradies.

Den Namen Paradies verdiente es allerdings erst seit einer halben Stunde. Ihm gegenüber saß Nikola Reibert.

Nachdem Stallitzer und er bei Wantrupp & Wantrupp angekommen waren, hatte er sich zunächst in den Ruheraum gelegt. Er hatte überhaupt nicht begriffen, was da gerade im Haus von Kurt Reibert geschehen war. Er war es gewohnt, dass er eine schöne Frau ansah. Er war es ebenfalls gewohnt, dass der Blick ignoriert wurde. Eher selten passierte es, dass er mit der Frau, die er angesehen hatte, auch ins Gespräch kam. Was er aber noch niemals erlebt hatte, war, dass die Frau gänzlich ungeniert seinen Blick erwidert hatte. Es war nicht möglich, und doch war es die einzige Erklärung für das, was vorhin eingetreten war: Nikola Reibert war genauso von Amors Pfeil getroffen worden, wie er selbst. Bei ihm war das bereits vor einigen Tagen in dem Café geschehen. Bei Nikola wohl erst jetzt. Aber das spielte auch überhaupt keine Rolle.

Er hatte sich nicht getraut, sie anzurufen. Nicht sofort. Vielleicht in einer halben Stunde, hatte er gedacht.

Und dann hatte das Handy geklingelt, und Nikola war dran gewesen. Wagner war völlig verdattert. Woher sie seine Nummer habe?

Sie hatte nur gelacht – und es war ein wundervolles Lachen gewesen! – und gesagt, dass man nicht unbedingt bei der Detektei Wantrupp & Wantrupp arbeiten müsse, um seine Quellen zu haben. Dann war sie direkt auf den Punkt gekommen: Sie wolle ihn wiedersehen. Sie habe einen Tisch im Delfino reserviert. Und das sei ja nur ein paar Minuten von seiner Wohnung entfernt. Sie hatte also auch schon herausbekommen, wo er wohnte.

Und wenn er nichts dagegen habe, würde sie ihn einfach eine Stunde zuvor in seiner Wohnung besuchen.

Die Fahrt von Frankfurt nach Darmstadt hatte er in gefühlten fünf Minuten zurückgelegt. Sein Tick, die Wohnung stets in Schuss zu halten, kam ihm jetzt zugute. Auch wenn Nikola in weniger als 60 Minuten bei ihm klingeln würde, musste er sein Zuhause nicht kurzfristig umpflügen. Er brachte den Müll runter, machte das Bett ordentlich, stellte die Spülmaschine an – und das war's dann auch schon gewesen.

Schuld daran, dass Wagner seine Wohnung nie unaufgeräumt verließ, war seine langjährige Freundin Bettina. Sie wohnte in Bessungen. Meistens hatten sich Wagner und Bettina zu Spaziergängen verabredet, sich in Cafés getroffen oder auch das eine oder andere Mal bei Paul gemeinsam gekocht.

Und dann hatte sie einen Unfall gehabt, war mit dem Fahrrad in die Straßenbahnschiene gekommen, gestürzt, und hatte sich so ziemlich jeden Knochen gebrochen, den man sich bei einem solchen Unterfangen brechen kann. Sie war damals Single gewesen und hatte Wagner gebeten, ihr ein paar Sachen ins Krankenhaus zu bringen. Jeder hatte schon vor Jahren einen Schlüsselbund der jeweils anderen Wohnung, genau für solche Fälle.

Dann hatte Paul Wagner die Wohnung betreten. Und wäre fast rückwärts wieder rausgefallen. Dass eine Wohnung ein wenig unordentlich war – das war für ihn selbstverständlich. Wer räumte seine Wohnung schon auf, bevor er das Haus verließ, um zur Arbeit zu gehen? Ungewaschene Wäsche verteilte sich über die beiden Zimmer, was wohl daran lag, dass der Wäschekorb im Bad bereits völlig überfüllt war. Das Geschirr stapelte sich in der Spüle und die untersten Teller standen an ihrer Stelle wohl schon seit über einer Woche. Dementsprechend roch es.

Wagner hatte damals eine Tasche für die Freundin gepackt und sich geschworen, dass er seine Wohnung künftig immer in einem Zustand verlassen würde, der es jederzeit erlauben würde, jemanden zu beauftragen, diese Wohnung zu betreten. Heute hatte sich das ausgezahlt.

Nikola hatte ihn mit einem Kuss rechts auf die Wange begrüßt. Und nun saßen sie bereits seit einer halben Stunde auf dem Balkon. Auf die Frage, was sie gern trinken wolle, hatte sie mit der Bitte um einen Aperol Spritz geantwortet. Wagner trank gern einen guten Wein, doch seine Bar war stets gut sortiert, immer für den Fall, dass er einem potenziellen Besucher das Getränk seiner Wahl kredenzen wollte. Nikola schien beeindruckt davon.

„Du magst Pflanzen?", wollte sie wissen, als sie die Dachterrasse betreten hatte.

In der Tat mochte es Wagner, wenn es auf der Dachterrasse grün war. Sogar im Winter hatte er einige Pflanzen dort in Kübeln stehen oder in den Blumenkästen, die mit Temperaturen im Minusbereich umgehen konnten. Er hatte es sich auch erlaubt, drei Gartenzwerge zu platzieren. Einer hielt ein Schild in die Höhe, auf dem stand: „Hier könnte Ihr Text stehen." Ein zweiter hatte ein weißes Kaninchen auf dem Arm. Und ein dritter saß mit seiner Gartenzwergfrau auf einer Bank und rauchte Pfeife. Kitsch. Aber sein Kitsch.

„Und was ist das da? Ein Rasen?", wollte Nikola wissen, als sie auf einen Blumenkasten zuging, in dem nur niedrige Grashalme zu sehen war.

Wagner grinste. „Das sind *drei* Rasen."

Nikola trat näher an den Blumenkasten. „Jetzt sehe ich es auch. Der rechts ist ganz neu. Und die beiden links?"

„Ganz einfach. Von links nach rechts: Eintracht, OFC und ganz neu: Bielefeld."

Nikola lachte auf, wandte sich vom Blumenkasten ab, ging auch nicht auf den Tisch und den Aperol Spritz zu, sondern auf Wagner. Sie küsste ihn auf den Mund. Erst dann setzte sie sich wieder und nahm einen Schluck der orangefarbenen Flüssigkeit, die Wagner wohl nie zu seinen Lieblingsgetränken zählen würde.

Nachdem die Gläser leer waren – Wagner hatte sich ein alkoholfreies Weizenbier gegönnt – gingen sie zu dem Italiener, bei dem Nikola einen Tisch reserviert hatte.

Offensichtlich war Nikola hier nicht zum ersten Mal zu Gast. Sie wurde mit Handschlag begrüßt und zu einem Tisch geleitet, der ein klein wenig abseits lag. Dann vibrierte Wagners Handy. Er war so schlau gewesen, die Lautstärke auf null zu stellen. Er schaute auf das Display: Stallitzer hatte angerufen. Und nicht zum ersten Mal.

„Willst du nicht rangehen?", wollte Nikola wissen.

„Nein. Jetzt nicht", sagte Wagner. Seit er sich erinnern konnte, hatte er das Handy niemals auf lautlos gestellt. Es sei denn, bei seinen wenigen Kirchenbesuchen oder wenn er mal im Kino gewesen war. Er wusste, dass er eigentlich im Dienst war, zumindest auf Bereitschaft, wusste, dass er eigentlich erreichbar sein musste.

Eigentlich.

Das erste Mal im Leben war ihm völlig egal, was er eigentlich musste. Eigentlich musste er nur eines: Jetzt diese Zeit mit Nikola erleben. Und sie so erleben, dass es ein zweites Treffen geben würde. Alles andere war in diesem Moment irrelevant.

Wieder vibrierte sein Handy. Kein Anruf. Eine Nachricht. „Entschuldige bitte", sagte Wagner und las die Nachricht auf WhatsApp. Stallitzer, der bereits ziemlich stinkig war. Da musste der jetzt durch. Wagner schaltete sein Handy aus.

Nikola bestellte eine Flasche Rotwein, und Wagner dachte nicht darüber nach, wie sie nachher nach Ober-Ramstadt kommen würde. Wenn sie nicht mehr fahren konnte, gab es ja noch die beigefarbenen Mercedes-Fahrzeuge mit dem gelben Schild auf dem Dach.

Nikola liebte die Lilien und Nikola liebte es, wenn Wagner ihr ein paar Anekdoten erzählte, die sie noch nicht kannte. Zum Beispiel, dass in der Bundesliga-Saison 1981 die Heimspiele der Lilien ein paar Stunden früher am Nachmittag stattfinden mussten, da es noch keine funktionierende Flutlichtanlage gab. Oder, dass die Lilien insgesamt mehr als 1.000 Punkte in der 2. Liga eingefahren hatten. Oder, dass sie nicht nur 2012, sondern auch schon 1991 nur durch den Lizenzentzug eines anderen Vereins die Klasse erhalten konnten. Oder, dass Jürgen Sparwasser, der DDR-Torschütze der Weltmeisterschaft 1974, 16 Jahre später für ein gutes Jahr die Lilien trainiert hatte.

Wagner bestellte sich ein Rumpsteak, Nikola eine Pizza Rucola mit extra Mozzarella.

Und dann stand plötzlich Stallitzer neben ihm.

Er verbeugte sich vor Nikola, dann sagte er in einem Tonfall, der keinerlei Raum für Widerspruch ließ: „Komm mit. Jetzt."

Sie verließen das Restaurant und standen vor der Eingangstür auf dem Trottoir.

„Wie hast du mich gefunden?", wollte Wagner wissen, war sich aber im selben Moment bewusst, dass er als Detektiv von Wantrupp & Wantrupp nicht nur die technischen Ressourcen nutzen konnte, sondern diesen technischen Ressourcen ebenso ausgeliefert war.

Entsprechend fiel Stallitzers Antwort aus: „Das fragst du mich nicht wirklich, oder? Was, zur Hölle, machst du hier?"

Wagner antwortete nicht, und Stallitzer sagte: „Blöde Frage. Vergiss es. Morgen um 8:00 Uhr sitzen wir beide gemeinsam in einem Auto und beobachten entweder Tarowski, Celari oder einen der beiden Reiberts." Er konnte dann doch nicht umhin, noch eine kleine Spitze anzufügen: „Vielleicht kannst du das ja bereits heute Nacht erledigen."

Wagner sagte nichts.

„Um 6:00 Uhr rufe ich dich an oder schicke dir eine SMS. Darin wird stehen, welche Schicht wir beide – ich wiederhole: *wir beide!* – übernehmen." Hätte er das geschrieben und nicht gesagt – der Text wäre definitiv nur in Großbuchstaben auf Wagners Display erschienen.

Als Wagner wieder ins Restaurant zurückkehrte, zierte ein breites Lächeln sein Gesicht. Bis morgen früh um sechs Uhr war noch viel, viel Zeit.

DONNERSTAG, 24. MÄRZ. ABPFIFF

Sie saßen in einem Mitsubishi Colt, Baujahr 1998. Bequem geht anders, dachte Stallitzer. Aber so ein Charger verwöhnte halt Gesäß und Rücken.

Ihre Taktik war bislang aufgegangen. Am anderen Ende der Straße stand ein baugleiches Modell. Bislang hatte noch niemand blöd geguckt. Wagner saß am Steuer. Und Wagner wirkte übernächtigt.

Was immer mit dieser Nikola geschehen war, Wagner tat es gut. Sollte sein Kollege noch ein bisschen dösen. Er selbst war ja wach.

Das Haus der Reiberts war wirklich eine nette Hütte. Schmiedeeiserne Gartenzäune, ein schmiedeeisernes Tor. Hinter dem Haus ein riesiger Garten – und wenn Stallitzer das richtig gesehen hatte, dann war da tatsächlich eine Modelleisenbahn aufgebaut. Reibert schien offensichtlich ein Hobby zu haben.

Ihr Job war es, Kurt Reibert zu beschatten. Es gab noch einen zweiten Wagen, den schwarzen Smart, der ungefähr 50 Meter von ihnen entfernt stand. Die beiden Jungs darin hatten die Aufgabe, Nikola Reibert zu beschatten. Da hätte es bei Paul Wagner sicher einen Interessenkonflikt gegeben. Spätestens seit der vergangenen Nacht. Stallitzer war sich noch nicht sicher, ob er sich für den Kollegen freuen sollte, oder ob die Skepsis überwog. Für den Moment war das jedoch völlig egal. Sie mussten Kurt Reibert beschatten, und das taten sie. Na ja, zumindest 50 Prozent ihres Teams. Paul Wagner schlief sanft. Nicht ruhig, sondern schnarchend.

Dann ging alles ganz schnell.

Die Haustür öffnete sich, das Gartentürchen wurde geöffnet – Kurt Reibert hielt mit beiden Armen eine Holzkiste fest, die exakt die Größe hatte, um den Bembler-Pokal in sich aufzunehmen. Reibert stapfte zu seinem Lilien-Benz, öffnete den Kofferraum.

„Wagner! Aufwachen! Es geht los!", weckte Stallitzer seinen Kollegen.

Wagner war sofort wach.

„Er packt den Pokal in den Kofferraum!", fasste Stallitzer das Geschehen kurz zusammen.

„Gut, dann hängen wir uns dran!", sagte Wagner in erstaunlich klarem Tonfall.

Reibert schloss den Kofferraumdeckel, ging an der Seite um den Wagen herum und setzte sich auf den Fahrersitz.

Auch wenn Stallitzer anfangs das Lilien-Emblem auf dem Kofferraumdeckel nicht auf den ersten Blick identifiziert hatte, so konnte er jedoch das am linken Rand angebrachte Kürzel ,E 430' sehr wohl einordnen. Stallitzer wusste, dass sich unter der Haube des Mercedes ein Achtzylindermotor mit fast 300 PS befand. Aber er hoffte, dass das in den kommenden Minuten keine Rolle spielen würde. Bei einer Verfolgungsjagd oder auch nur auf der Autobahn hatten sie in dem Colt keine Chance, mit Reiberts Benz Schritt zu halten.

Reibert ließ den Motor an und der Wagen fuhr ganz sanft an.

„Er fährt auf die Bundesstraße Richtung Roßdorf", sagte Wagner. Stallitzer war froh, dass Wagner sich hier in der Gegend gut auskannte.

„Nach Roßdorf? Da ist doch die Silbermanufaktur, die Reibert gehört. Wahrscheinlich fährt er dorthin."

Wagner ließ genügend Platz zwischen ihrem Mitsubishi und dem Benz von Reibert. Immer wieder sahen sie den Wagen für kurze Augenblicke, da die Straße kurvig und hügelig war.

„Wenn da wirklich der Pokal drin ist, was will er damit in der Manufaktur?" Auch Wagner schien jetzt wieder völlig ausgeschlafen. Was Stallitzer irgendwie beruhigte.

„Ich hab keine Ahnung."

„Was wollen wir machen? Ich kann ihm natürlich auch den Weg abschneiden und wir schauen einfach nach, was in seinem Kofferraum drin ist."

Stallitzer dachte kurz darüber nach. „Vielleicht ist der Pokal aber auch in der Silbermanufaktur. Und die Kiste im Wagen ist leer. Also noch leer. Vielleicht packt er den Pokal erst dann in diese Kiste."

„Du meinst, wir sollten warten, bis er die Kiste rein- und wieder rausgetragen hat und ihn danach hopsnehmen?"

„Das erscheint mir derzeit als das Sinnvollste. Wir sind nicht die Polizei. Wir haben keinen Durchsuchungsbefehl – und auch kein SEK, also keine Jungs mit den entsprechenden Wummen."

Sie fuhren durch die Ortseinfahrt nach Roßdorf hinein. Der blaue Benz bog nach rechts ab, der Mitsubishi setzte hinterher.

In diesem Moment klingelte Stallitzers Handy. Stallitzer blickte auf das Display. Wantrupp junior. Das konnte er nicht ignorieren. „Ja?", sagte er nur.

„Stallitzer, wir brechen die Aktion ab!"

„Welche Aktion?"

„Wir beenden den Fall mit dem Pokal. Jetzt, auf der Stelle. Sie kommen direkt nach Frankfurt ins Büro. Sie und Wagner. Subito."

„Herr Wantrupp, wir verfolgen gerade einen Wagen, in dem sich höchstwahrscheinlich der Pokal befindet. Es kann auch sein, dass er in wenigen Minuten dort eingeladen wird. Die Frage ist viel eher, ob Sie nicht, verdammt nochmal, ein paar

Leute hierher nach Roßdorf schicken. Dann halten wir den Pott in ein paar Minuten in unseren Händen."

„Welchen Teil von Abbruch haben Sie nicht verstanden? Ich habe Carglass schon Bescheid gesagt, er informiert die anderen. Wir brechen die Aktion ab, und zwar jetzt. Und Sie beide kommen direkt nach Frankfurt, dann kann ich Ihnen das erklären."

„Wir werden nicht abbrechen. Ich ziehe das jetzt durch!"

„Sie werden abbrechen. Jetzt. Ende der Diskussion. Ich bin der Chef."

Stallitzer dachte, Wantrupp hätte bereits aufgelegt und brüllte ins Handy: *„Cucullus non facit monachum!"*

Stattdessen antwortete Wantrupp leise: „Ich bin der Mönch." Dann legte er auf.

„Was hast du denn da gerade gebrüllt?", wollte der ziemlich irritierte Wagner wissen.

„Frei übersetzt: Eine Kutte macht noch keinen Mönch aus. Dieses blöde, eingebildete, arrogante Arschloch!"

„Und welche Sprache war das?"

„Latein."

„Interpretiere ich da richtig, was ich gehört habe? Wantrupp will, dass wir abbrechen und nach Frankfurt zurückfahren?"

Stallitzer sagte kein Wort. Denn jedes Wort, das er jetzt gesagt hätte, wäre zu einem Brüllen angeschwollen. Also nickte er nur.

„Und was machen wir?"

Offensichtlich sah Wagner in ihm, Stallitzer, den Chef. Es hatte keinen Sinn, hier auf eigene Faust den Rambo zu spielen, besonders, wenn sie keine Rückendeckung hatten. „Wir fahren nach Frankfurt."

„Herr Stallitzer, Herr Wagner, schön dass Sie es hierher geschafft haben", sagte Michael Wantrupp. Wie immer saß er hinter seinem Schreibtisch. Auf der Besuchercouch thronte Chantal, wieder mit einem bunten Getränk vor sich auf dem Tisch. Auf der Couch, die im 90-Grad-Winkel dazu stand, saßen Reinhold Rosen und – Stallitzer traute seinen Augen kaum – Gustav Bembler. Chantal zog die Nase hoch. Manieren hatte sie offensichtlich noch nie besessen.

Wenn Stallitzer das richtig in Erinnerung hatte, war eine der wichtigsten Prämissen dieser Operation, dass Gustav Bembler nicht erfahren sollte, dass sich sein Pokal auf unfreiwilliger Reise befand. Wie konnte der dann hier auf der Couch sitzen? Und wie konnte Michael Wantrupp den Fall abblasen, wenige Minuten, bevor sie die Operation erfolgreich beendet hätten?

Wantrupp bedeutete seinen Mitarbeitern, sich auf den beiden verbliebenen, opulenten Sesseln niederzulassen.

Stallitzer hatte immer noch keine Ahnung, welche Rolle Kurt Reibert in diesem Spiel spielte, aber seine Intuition war völlig richtig gewesen: Er hing mit drin.

„Nun, meine werten Mitarbeiter, Sie kennen einander ja, bis auf Gustav Bembler. Ich freue mich sehr, den Hauptsponsor des Traditionsvereins Darmstadt 98 in dieser Runde begrüßen zu dürfen."

Bembler nickte nur. Und er sah überhaupt nicht zerknirscht aus. Auf keinen Fall wie ein Mann, dem man gerade gestanden hatte, dass sein Lieblingsspielzeug auf Nimmerwiedersehen verschwunden war. Und auch Reinhold Rosen wirkte nicht so, als habe er gerade gebeichtet, dass er es gewesen war, der für den Verlust des teuren Lieblingsspielzeugs verantwortlich war. Und Wantrupp wirkte einfach nur – scheißfreundlich. Stallitzer war kein Germanist. Und er beschäftigte sich nicht wirklich mit unterschiedlichen Bedeutungen unterschiedlicher Worte. Aber die Kombination „scheißfreundlich" fand er schon eine sehr treffende Redewendung.

„Herr Bembler, das sind meine beiden Spitzenkräfte Helmut Stallitzer und Paul Wagner. Sie sind ein eingespieltes Team!" Dabei machte er mit dem rechten Arm eine Strike-Bewegung: Er zog die Faust schnell zum eigenen Körper hin. *Der macht sich hier zum Deppen*, dachte Stallitzer. *Völlig unabhängig davon, dass er das bereits schon seit Jahren ist,* fügte die innere Stimme noch an.

„Nun, wir wollen den beiden Herren doch sehr für ihren Einsatz danken!", sagte er und begann tatsächlich zu applaudieren.

Er hatte nur zwei Handschläge Vorsprung, als Chantal ebenfalls in den Applaus einfiel und sofort versuchte, mit doppelt so schnellen Klatschbewegungen aufzuholen. Nacheinander fielen auch Rosen und Bembler ein. Wie ein Dirigent hörte Wantrupp auf zu klatschen, hielt eine Handfläche in die Runde und sofort erstarb der Applaus. Nur Chantal schien das Zeichen nicht zu verstehen und gab einfach noch eine zehnsekündige Zugabe.

„Ich freue mich sehr, Ihnen mitteilen zu dürfen, dass Sie sich auch Ihren Bonus redlich verdient haben."

Wagners Augen weiteten sich. 5.000 Euro waren 5.000 Euro.

„Wir haben uns sogar erlaubt, Ihnen bei unserer Hausbank ein kleines Schließfach einzurichten, so dass Sie über das Bargeld jederzeit verfügen können, ohne irgendjemandem Rechenschaft ablegen zu müssen." *Sprich: Keine Steuern abführen zu müssen,* dachte Stallitzer. Auch wenn er das Geld natürlich nicht verschmähte, lenkte es ihn nicht von der wirklich brennenden Frage ab, die er nun stellte: „Warum sollten wir abbrechen, wir waren wirklich ganz nah –"

Weiter kam Stallitzer nicht, denn Wantrupp unterbrach ihn sofort: „Hervorragende Arbeit!", wiederholte er. Die Nachricht war deutlich: *Halt die Klappe, wir werden das hier in der Runde nicht diskutieren.*

Dann begann Michael Wantrupp – wohl in Bemblers Richtung – einen kurzen Vortrag über die erfolgreiche Geschichte von Wantrupp & Wantrupp zu halten.

Stallitzer resignierte. Hier in diesem Raum war nichts mehr zu erfahren, was ihn irgendwie weiterbringen würde. Oder gar zeigte, welches Spiel hier gespielt wurde. Irgendjemand zog hier Fäden, die Stallitzer nicht gesehen hatte. Oder gar nicht sehen konnte. Was hatten sie Gustav Bembler wohl erzählt, damit dieser sich gerade so handzahm verhielt? Welche Rolle spielte Reinhold Rosen dabei? Und, noch viel interessanter, welche Rolle spielte Michael Wantrupp?

Während Wantrupps Wortschwall seine Ohren durchspülte, sah sich Stallitzer im Raum um. Chantal ließ den Blick nicht von ihrem Gatten in spe weichen, als verkünde der das Evangelium. Kurz sah sie Stallitzer direkt an. Sie hatte offensichtlich auch eine schlaflose Nacht hinter sich, denn ihre Augen waren gerötet. Und Stallitzer erkannte, dass auch die Pupillen geweitet waren. Kurz runzelte er die Stirn, dann sah er auf den Schreibtisch. Zwischen zwei Papierstapeln lag ein kleiner Taschenspiegel. Rahmenlos. Und Stallitzer verstand.

Er achtete überhaupt nicht mehr darauf, was Wantrupp sagte und hätte so fast die Verabschiedung verpasst. Erst als Rosen und Bembler aufstanden, war ihm klar, dass die Audienz beendet war.

Auch Wantrupp war aufgestanden und verabschiedete seine Gäste, und Chantal tat es ihm nach. Während sie Bembler die Hand reichte, zog sie erneut die Nase hoch.

Wantrupp reichte auch Wagner die Hand, dann wollte er sie Stallitzer reichen. Doch Stallitzer ignorierte dies. Ihm war klar, dass das eine offene Kampfansage war. Aber es kümmerte ihn nicht. In einer Minute würden die Karten komplett neu gemischt werden.

„Herzlichen Dank, herzlichen Dank, Ihnen beiden, für Ihre tolle Arbeit! Und ganz besonders für Ihre Diskretion. Auf Sie kann man sich wirklich verlassen!" Rosen überschlug sich fast bei der Danksagung und schüttelte im Flur vor Wantrupps Büro Wagners Hand, als ob sie ein Daunenkissen wäre.

Bembler hatte den beiden Detektiven nur zugenickt und war dann verschwunden. Als Rosen sich auch auf Stallitzer stürzen wollte, klopfte der ihm nur auf die Schulter und sagte: „Schon gut. Haben wir gerne gemacht. Damit verdienen wir unser Geld."

Rosen nickte und lief nun gleichsam den Flur hinab.

„Verstehst du, was hier gerade passiert?", wollte Wagner wissen.

„Nein. Aber gleich. Geh du in dein Büro, ich komme in 15 Minuten nach."

„Hä? Was hast du vor?"

„Geh einfach. Ich bin gleich bei dir."

Paul Wagner trollte sich, verschwand in seinem Büro.

Stallitzer griff zum Handy, schaltete die Kamera ein. Dann öffnete er die Tür zu Wantrupps Büro, ohne zu klopfen. Er schoss drei Bilder, die das Handy geräuschlos aufnahm. Das, was sich seinem und dem Kameraauge bot, war mehr, als er zu hoffen gewagt hatte. Michael Wantrupp zog sich gerade mit einem 100-Euro-Schein eine Linie Kokain in die Nase. Eine zweite Linie lag daneben schon vorbereitet auf dem Taschenspiegel. Unter dem Tisch zeigten Chantals 10-Zentimeter-Spitzenabsätze genau in Stallitzers Richtung.

Stallitzer sagte: „Oh, Entschuldigung!", ein wenig lauter, als es nötig gewesen wäre. Während er die Silbe „schul" aussprach, hörte er unter dem Schreibtisch bereits einen dumpfen Schlag, und bei der Silbe „di" kreischte Chantal und brüllte Wantrupp: „Aua!".

Die Stilettos bewegten sich nun in seine Richtung, langsam erkannte Stallitzer Chantals Strumpfhose und schließlich den Rock über ihrem Hintern. Wenige Sekunden später baute sich Chantal in die Senkrechte auf.

Wantrupps Hände nestelten diskret unter der Schreibtischplatte herum. Diese verhüllte gnädig sein peinliches Tun. Das metallene Geräusch der Gürtelschnalle zeigte, dass sein Vorhaben sogleich beendet sein würde.

Stallitzer liebte den Film „Gefährliche Liebschaften". Der Schauspieler John Malkovich war darin so herrlich böse. In einer Szene herrschte er seine Kollegin Swoosie Kurtz nur mit einem leise gezischten „Kschhh" an, wobei er eine Augenbraue hob und den Kopf ein wenig drehte, in Richtung Tür. Und Swoosie Kurtz verschwand ohne eine Erwiderung. Nun war er John und Chantal spielte Swoosie. Er trat zur Seite, Chantal verschwand mit hochrotem Kopf, nicht ohne im Hinausgehen noch einmal die Nase hochzuziehen. Sie frönte ganz offensichtlich dem gleichen Hobby wie ihr Verlobter. Leise schloss sie die Tür hinter sich.

Wantrupp hatte seine Schließungsarbeiten beendet. Die Hände lagen wieder auf der Tischplatte.

„Herr Stallitzer …"

„Michael!", unterbrach ihn Stallitzer augenblicklich. „Vielleicht machen wir es uns doch auf der Couch bequem." Er durchquerte den Raum und ließ sich auf einem der Sitzmöbel nieder. Er deutete mit dem Blick auf die zweite, unbesetzte Couch.

Wantrupp kam hinter seinem Schreibtisch hervor, setzte sich.

„Helmut…"

„Ich kann mich nicht erinnern, dir das ‚Du' angeboten zu haben", grätsche Stallitzer verbal dazwischen.

„Herr Stallitzer – was soll das hier?" Wantrupp versuchte sich in souveränem Tonfall, was ihm jedoch nicht besonders gut gelang. Er klang eher wie ein Angestellter, der seinen Chef um eine Gehaltserhöhung bittet, von der niemand außer ihm selbst überzeugt ist, dass er sie verdient habe.

„Halt die Klappe", blaffte Stallitzer. „Die Bilder sind mein Pfand. Wenn wir beide uns jetzt einig werden, dann werde ich sie deinem Vater nicht zeigen. Ich werde sie jedoch auch nicht löschen. Du bist mir also ausgeliefert. Das sind die Fakten, ob es dir passt oder nicht."

Wantrupp lief rot an. Er setzte zu einer Erwiderung an, doch als er den Mund öffnete, fiel diese Erwiderung in sich zusammen wie ein Luftballon im Vakuum. „Wieviel wollen Sie?"

„Ich will kein Geld. Ich will Antworten. Wer hat gesagt, wir sollen die Operation abbrechen?"

„Ich habe das gesagt. Auch wenn es dir" – Stallitzer unterbrach den Satz nur mit einem Blick – „wenn es Ihnen nicht passt. Ich bin hier der Chef."

Stallitzer rollte nur mit den Augen. „Dein Papa hat doch auch WhatsApp, wenn ich mich richtig erinnere. Ich glaube, es wird ihn interessieren, was da so alles über deinen Schreibtisch geht." Er nahm sein Handy aus der Tasche, entsperrte es.

„Halt! Stopp!"

„Ich höre?"

„Er. Er selbst hat es gestoppt."

„Wer *er?*"

„Mein Vater. Er hat mich vor zwei Stunden angerufen und gesagt, der Fall wäre abgeschlossen. Ich sollte euch alle zurückpfeifen. Ich sollte Rosen und Bembler hierher schaffen. Und Bembler dann vor Rosens Augen sagen, dass sein Pokal futsch ist. Das habe ich getan. Mein Vater hat auch gesagt, wenn Bembler aufbraust, sollte ich ihm nur sagen, dass mein Vater immer noch die Akte habe. Außerdem sollte ich ihm 50.000 Euro als Spende für seine ,Stiftung zur Erforschung der südhessischen Apfelanbaukultur' in Aussicht stellen. Und genau so ist es gelaufen. Genau das habe ich getan – und das war's dann auch für mich."

Stallitzer sah Wantrupp an. Er hielt ihn nicht für fähig, sich auf die Schnelle solch eine haarsträubende Geschichte auszudenken. Aber er verstand nur Bahnhof. Wieso sollte ihn Ferdinand Wantrupp gebeten haben, den Fall einzustellen, nachdem er diesen ein paar Tage zuvor mit Riesengedöns aufgemacht hatte. „Warum hat dein Vater dir das gesagt?"

Wantrupp zuckte mit den Schultern. „Sehe ich so aus, als würde mein Vater mich darüber informieren, weshalb er welche Entscheidungen zu treffen pflegt?"

Wohl kaum, dachte Stallitzer.

„Um was für eine Akte handelt es sich, die dein Vater erwähnte?"

Wantrupp zuckte abermals mit den Schultern: „Mein Gott, woher soll ich das wissen? Glaubst du wirklich, ich hätte eine Chance, so etwas zu erfahren?"

Stallitzers Blick war eiskalt. Er würde diesem Deppen nichts mehr durchgehen lassen.

„Was?", blaffte Wantrupp.

„Ich hatte dir immer noch nicht das ‚Du' angeboten. Und das solltest du gefälligst respektieren."

Wantrupp kochte. Stallitzer sagte nichts, sah ihm nur in die Augen. Es dauerte 15 Sekunden, dann blickte er zur Seite. Die Fronten waren nun endgültig geklärt.

Stallitzers Handy klingelte. Schmidtke rief an. Stallitzer nahm das Gespräch an. „Ja?"

„Helmut, ich glaub, ich hab da noch was rausgefunden. Wir sollten uns treffen. Möglichst jetzt."

„Ich melde mich gleich", sagte Stallitzer. Er beendete das Gespräch, dann sah er Wantrupp an. „Übrigens: Da werden noch ein paar Rechnungen eines externen Detektivs kommen, sein Name ist Klaus Schmidtke. Die werden bezahlt, und es gibt einen 20-prozentigen Bonus. Ach ja, Wagner hat sich übrigens richtig gut geschlagen bei diesem Job. Ich finde, er hat jetzt erstmal zwei Wochen Sonderurlaub verdient."

Wantrupp war weichgeklopft. Jetzt nickte er nur noch.

„Schön, dann verstehen wir uns ja. Einen schönen Tag noch." Stallitzer erhob sich, verließ das Büro und musste sich eingestehen, dass es sehr lange her war, dass er sich in dieser Firma so wohlgefühlt hatte wie gerade eben. Er rief Schmidtke an und sagte ihm, er würde jetzt sofort zu ihm nach Weinheim fahren. Dann ging er in Wagners Büro. „Ich habe gerade nochmal mit Wantrupp gesprochen. Er war ganz begeistert davon, wie du dich geschlagen hast. Und ich soll dir ausrichten, die nächsten zwei Wochen hast du einen zusätzlichen, bezahlten Urlaub. Haben wir gut gemacht. Fast hätten wir den Pokal ja auch bekommen."

Wagner nickte. „Sonderurlaub? Für einen Fall, den wir nicht abgeschlossen haben? Verstehst du, was da eigentlich abgeht? Ich fühl mich da so ein bisschen, als ob Stroh-Engel nach dem

Spiel gegen Rostock 2013 auf die Ersatzbank gesetzt worden wäre!"

„Gib mir Nachhilfe", schmunzelte Stallitzer.

„Na ja, Dominik Stroh-Engel hat 2013 im Spiel gegen Rostock innerhalb von 25 Minuten vier Tore am Stück geschossen. Drei Tore nennt man Hattrick, er definierte die vier Tore als Quattrick. Da wäre es doch blöd gewesen, den Torjäger an dieser Stelle aus dem Spiel zu nehmen."

Stallitzer schüttelte den Kopf. „Ich verstehe es auch nicht. Aber die 5.000 Euro lenken doch ganz gut ab. Ich überlege mir jetzt, welchen neuen, großen Fernseher mein Wohnzimmer verdient hätte."

Wagner grinste. „Ich kann die Kohle auch gut brauchen. Und zwei Wochen Urlaub – das kommt gerade richtig. Nikola und ich, wir treffen uns gleich. Sie studiert ja noch an der Uni, macht bald ihren Master in Betriebswirtschaft. Da bin ich eigentlich gar nicht so traurig, dass ich jetzt nicht gleich wieder ran muss."

„Wo steht deine Maschine?"

„Zu Hause, bei mir vor der Tür. Du hast mich ja mit dem Mitsubishi abgeholt."

„Ich muss jetzt nach Weinheim. Ich kann dich irgendwo absetzen."

„Das wäre toll. Kannst du mich zum Campus Westend fahren? Da wollte ich mich in einer Stunde mit Nikola treffen."

„Klar!" Irgendwie hatte Stallitzer Gefallen an seinem Kollegen gefunden. Eigentlich war er ja doch ganz nett.

SONNTAG, 27. MÄRZ. VERLÄNGERUNG

Herr Stallitzer – treten Sie doch bitte ein." Mit einer ausladenden Handbewegung bat Ferdinand Wantrupp seinen Angestellten in den Raum, den Stallitzer inzwischen ganz gut kannte: das rustikale Wohnzimmer, oder eher ein Herrenzimmer, wie man es früher genannt hätte. „Bitte nehmen Sie doch Platz."

Stallitzer hatte bereits am Donnerstag um Audienz gebeten, doch Wantrupp senior hatte ihn für diesen Sonntagabend eingeladen. Am Karfreitag und Samstag hatte er gesagt, werde er seinen Bruder besuchen und erst an diesem Sonntag wieder zu Hause sein.

Stallitzer hatte eine kleine Aktentasche unterm Arm, die er mit zum Sofa nahm. Er hatte sich gerade hingesetzt, als sein Blick auf den Kamin fiel. Beim letzten Besuch hatten dort noch zwei Fotos gestanden. Die waren einem anderen Gegenstand gewichen: dem Bembler-Pokal. Stallitzer sprang förmlich wieder auf und ging auf den Kamin zu. Kein Zweifel. Er hatte das Original vor sich: Ein dicker Kratzer zog sich vom oberen Rand über ungefähr ein Drittel der mit Messing legierten Fläche nach unten. Er wandte sich Ferdinand Wantrupp zu. „Tatsächlich Sie?"

Wantrupp stand an der Hausbar, füllte zwei Whiskygläser mit einer braunen Flüssigkeit aus einer Karaffe. „Herr Stallitzer, das wissen Sie doch schon. Oder weshalb haben Sie diese kleine Aktenmappe mitgebracht?"

Stallitzer hielt die Mappe nun fester, als ob Wantrupp sie ihm schon allein durch seine Stimme entreißen könnte. In der Mappe befanden sich starke Indizien, die darauf hinwiesen, dass Ferdinand Wantrupp tatsächlich hinter dem Pokaldiebstahl steckte. Beweise waren das allerdings nicht. Stallitzer hatte vorgehabt, Wantrupp damit zu konfrontieren. Doch jetzt schien das alles überflüssig.

Stallitzer schritt wieder zum Sofa, ließ sich nieder und fühlte sich mit einem Mal sehr müde. „Warum haben Sie uns darauf angesetzt, den Bembler-Pokal zu finden? Damit haben Sie doch quasi gegen sich selbst gearbeitet? Haben Sie nicht geglaubt, dass Wagner und ich den Pokal aufspüren würden?"

Wantrupp sah auf seine Armbanduhr. Er ging zur Hausbar, nahm zwei Whiskygläser sowie die Karaffe, stellte diese auf dem massiven Couchtisch ab und setzte sich ebenfalls. „Einen kleinen Moment bitte", sagte er leise und griff nach einer Fernbedienung, die auf dem Couchtisch lag. Er drückte eine der Tasten, und am anderen Ende des Raumes glitt eine Wand zur Seite. Dahinter verbarg sich ein Flachbildfernseher, groß wie die Leinwand in einem kleinen Kino.

Wantrupp schaltete das Gerät ein, stellte aber die Lautstärke auf null. Stallitzer hatte keine Ahnung, weshalb Wantrupp jetzt das Bild des Fernsehprogramms des Hessischen Rundfunks im Hintergrund flackern ließ, er fragte aber auch nicht nach.

„Es ist so einiges schiefgelaufen, ich hatte mir das ganz anders vorgestellt mit dem Pokal. Sie haben ja mit den beiden Jungs aus Bielefeld gesprochen, die Tarowski über Roswithas Sohn angeheuert hatte."

Tarowski, Roswitha Celari, ihr Sohn Jack the Leg – wie Stallitzer vermutete, hatten alle ihre Rolle in diesem Spiel. Wantrupp sprach weiter: „Eigentlich sollte Rosen den Pokal im Museum abstellen, die beiden Jungs gehen in das Museum rein, klauen den Pokal, bringen ihn in die Autobahnkirche, Tarowski holt ihn ab und bringt ihn zu Reibert. Das war der Plan. Aber dann brach Rosen ja der Schlüssel ab, der Pokal landete in der

Kneipe, und dann kam ja dieser Kleinganove dazwischen und machte alles so kompliziert. Na ja, wem erzähle ich das. Rosen war am Telefon so aufgeregt, wusste gar nicht, was er tun sollte. Er war ja dran schuld, dass so ein Idiot wie dieser Ganove die Chance gehabt hatte, den Pokal zu stehlen. Hätten die Bielefelder ihn aus dem Museum geklaut, hätte Bembler sich wohl geärgert, aber Rosen nie die Schuld dafür gegeben. Also erzählte ich Rosen, dass unsere Detektei den Pokal schon rechtzeitig vor der Museumseröffnung wieder auftreiben würde. Darauf hat er sich eingelassen. Und sodann habe ich dafür gesorgt, dass Sie und Wagner dem Pokal hinterherjagen. Natürlich bestand die Gefahr, dass Sie uns zu schnell auf die Schliche kommen würden, aber ich dachte, dass die Bielefelder und Tarowski als Puffer genügen würden, genug Zeit herauszuschinden."

„Zeit? Wofür denn Zeit? Ich meine, Sie haben den Pokal geklaut, und jetzt steht er hier. Wobei ich ebenfalls nicht verstehe, wieso Sie mir das zeigen. Wieso sollte ich jetzt nicht aufstehen, zur Polizei gehen, oder zumindest zu Rosen und zu Bembler? Der Pokal ist doch sein Augenstern, wie mir mehrfach versichert wurde."

„Ach, Herr Stallitzer, seien Sie doch nicht so verärgert. Das Ganze war ein Spiel."

„Na, das sieht Gustav Bembler aber definitiv anders!", rief Stallitzer aus.

„Geben Sie mir noch" – Wantrupp sah wieder auf die Uhr – „ungefähr fünf Minuten. Dann werden auch Sie sehen, dass das Ganze nur ein Spiel ist. Sagt Ihnen der Name Pickles noch etwas?"

Stallitzer nickte nur. Er war zwar kein Fußballfan, aber er hatte ein gutes Gedächtnis. Pickles war der Hund, der 1966 den Pokal der Fußball-Weltmeisterschaft in einem Gebüsch erschnüffelt hatte. Der Pokal war vorher geklaut worden – und Ferdinand Wantrupp hatte die Geschichte inzwischen mindestens viermal in Gegenwart von Stallitzer erzählt. Stallitzer erinnerte sich auch daran, dass Wantrupp mehrmals Andeutungen gemacht habe, sein Unternehmen könne etwas damit zu tun gehabt haben. Allerdings stand damals ja noch Ferdinand Wantrupps Vater am Ruder der Firma.

Wantrupp senior erzählte die Geschichte nochmals im Schnelldurchlauf. Dann sagte er: „Die Täter hat man ja nicht gefunden. Dafür hat mein Vater gesorgt. Und er hat auch dafür gesorgt, dass der Pokal wieder auftauchte. Habe ich eigentlich erwähnt, dass ich Nikola Reibert einen Hund geschenkt habe?"

Als sei dies ein Startschuss gewesen, drückte Ferdinand Wantrupp nun auf die Taste, die den Ton zum Fernsehprogramm aktivierte.

„... ist heute in einem Gebüsch im Darmstädter Herrngarten der Bembler-Pokal gefunden worden. Wie erst jetzt bekannt wurde, haben ihn unbekannte Täter vor einer Woche vom Stadiongelände gestohlen. Der Pokal soll im Museum des SV 98, das in drei Tagen eröffnet wird, dauerhaft ausgestellt werden."

Die Reporterin schwenkte das Mikro in Richtung Nikola Reibert, die neben ihr stand. Hinter Nikola Reibert konnte Stallitzer Paul Wagner erkennen, der in die Kamera grinste und winkte.

Hat Wagner tatsächlich auch etwas damit zu tun, fragte sich Stallitzer.

Als ob Wantrupp Gedanken lesen könnte, sagte er: „Nein, Ihr Kollege hat nichts damit zu tun."

Die Reporterin sprach nun weiter: „Frau Reibert, Sie haben den Pokal im Gebüsch entdeckt?"

Nikola Reibert schüttelte lachend den Kopf: „Nein, das war mein kleiner Hund." Die Kamera schwenkte nun auf einen rotbraun gefärbten Chihuahua mit langem Fell, der dem Blick der Kamera mit stoischer Gelassenheit standhielt. „Er ist zielstrebig in das Gebüsch rein. Und dort habe ich den Pokal glitzern sehen. Also, der Pokal war in Zeitungspapier eingeschlagen, aber eine Seite war eingerissen. Sonst hätte ich wahrscheinlich gar nicht gemerkt, dass da etwas anderes lag als eine bloß weggeworfene Zeitung."

Die Kamera zeigte nun, wie ein Polizist mit Latexhandschuhen den Pokal mit beiden Händen festhielt und in die Kamera lachte.

„Natürlich hat die Polizei sofort die Spurensicherung geschickt", sagte die Reporterin.

Nun sah man einige Beamte in weißen Schutzanzügen und blauen Überschuhen um das Gebüsch herumwuseln.

Die Dame mit dem Mikrofon hielt selbiges unter die Nase des Polizisten. „Können wir denn davon ausgehen, dass die Museumseröffnung mit dem Pokal stattfindet?"

„Also", sagte der Beamte in breitestem Hessisch, „ich denk schon, dass wir das möglich machen."

Wieder sprach die Reporterin in die Kamera: „Auch wenn der materielle Wert des Pokals nicht immens ist, so ist sein ideeller Wert doch kaum hoch genug einzuschätzen. Im Jahr 2000 wurde der Pokal von Gustav Bembler persönlich für die südhessischen Fußballmeisterschaften gestiftet. Fünfmal wurden diese Meisterschaften ausgetragen, und fünfmal haben die Lilien den Pokal gewinnen können. Unsere Frankfurter Kollegen haben mit Gustav Bembler sprechen können."

Bembler wurde in irgendeinem Innenraum von einem anderen Reporter befragt: „Herr Bembler, was empfinden Sie, wenn

Sie sehen, wie ein kleiner Hund Ihren geraubten Pokal wieder ans Tageslicht befördert?" *Manche Fragen von Reportern sind an Dummheit kaum zu überbieten,* dachte Stallitzer.

„Ich bin überglücklich, dass der Pokal wieder da ist. Und ich schenke diesem kleinen Kerl mit seiner süßen Spürnase für den Rest seines Lebens kostenloses Futter!" *Okay, es gibt tatsächlich Antworten auf Reporterfragen, die noch dümmer sind als diese selbst.* „Also, der Wert dieses Pokals kann ja nicht hoch genug eingeschätzt werden. Eigentlich ist es der südhessische Champions-League-Pokal! Und ich bin sehr, sehr dankbar und sehr, sehr froh, dass er wieder da ist." *Und ich wusste bis vor ein paar Stunden noch gar nicht, dass er überhaupt weg ist,* ergänzte Stallitzer wieder im Geiste.

„Nun, wir freuen uns alle mit Ihnen – und ich bin mir sicher, dass ein Besuch im Museum unserer Lilien immer einen Besuch wert ist." *Dass ein Besuch einen Besuch wert ist,* wiederholte Stallitzer stumm und schüttelte den Kopf.

Wantrupp schaltete den Fernseher aus. Geräuschlos schob sich die Wand wieder vor den Bildschirm.

„Sehen Sie, es ist doch überhaupt nichts verloren worden", sagte Wantrupp.

„Sie haben den Pokal also geklaut, um sich eine Kopie machen zu lassen?", wollte Stallitzer wissen. „Dann hätten Sie Gustav Bembler doch einfach fragen können."

„Sehr richtig. Ich konnte ihn aber nicht fragen, weil er nicht das Original hat. Das Original steht hier auf dem Kaminsims. Ich war einfach so dreist, ihm etwas wegzunehmen, von dem er glaubte, dass es ihm gehöre."

Die Formulierung empfand Stallitzer als etwas seltsam, aber sie machte durchaus Sinn.

„Na, dann unterbreiten Sie mir mal Ihre Theorie, wieso ich das Ganze gemacht habe", sagte Wantrupp, aber seine Stimme war nur ein Flüstern.

Stallitzer öffnete seine Mappe und legte eine Fotografie auf den Tisch. Die eine zeigte Ferdinand Wantrupp in jungen Jahren, an seiner Seite eine junge Frau. Stallitzer hatte diese Frau bereits auf einem Foto bei seinem ersten Gespräch mit Schmidtke gesehen. Dort jedoch hatte sie sich bei Gustav Bembler eingehakt. Das Bild, das nun im Wohnzimmer von Ferdinand Wantrupp lag, war zwei Jahre vor diesem Bild davor aufgenommen worden. Es entstammte ebenfalls dem Archiv der Frankfurter Rundschau. Es war ebenfalls auf einem Ball der High Society aufgenommen worden. Die Bildunterschrift, so hatte ihm Schmidtke gezeigt, lautete damals: „Ein glückliches Paar: Gisela Müller an der Seite von Ferdinand Wantrupp. Wann wird die Hochzeit sein?"

„Er hat sie Ihnen ausgespannt", sagte Stallitzer.

Wantrupp nickte. „Sie sind gut. Sie sind leider wirklich gut. Ich hätte nicht gedacht, dass diese alten Geschichten ans Tageslicht kommen. Aber ich musste ja mit dem Feuer spielen. Ich habe meine Frau geliebt, ich habe sie wirklich geliebt. Und als sie vor zwei Jahren von uns gegangen ist, war ich der traurigste Mensch auf dieser Welt. Und es gab nur eine Frau, die ich mehr geliebt habe als die Frau, die ich vor den Altar geführt habe. Und das war Gisela Müller gewesen. Sie hat mir das Herz gebrochen. So einfach ist das. Und natürlich habe ich nicht die ganzen Jahre getrauert. Aber als Reinhold mir vor einem Vierteljahr davon erzählte, dass ausgerechnet Gustav Bembler sich die Lilien kaufen will, da konnte ich nicht einfach stillsitzen. Und dann sagte mir Reinhold Rosen auch noch, dass Gustav dem Museum diesen Pokal stiften will. Ich wusste, wie wichtig ihm dieser Pokal immer war. Selbstüberschätzung ist leider eine von Gustavs hervorstechenden Eigenschaften – schon immer gewesen. Ich habe Roswitha angerufen, die ja nun auch schon einmal von Gustav Bembler in aller Öffentlichkeit lächerlich gemacht worden war. Und so schmiedeten wir Pläne. Nun schauen Sie bitte mal auf den Kalender." Stallitzer hatte keine Ahnung, wozu das dienen sollte. Er sah Wantrupp fragend an. Doch der nickte nur: „Schauen Sie schon."

Und noch bevor Stallitzer auf seinem Smartphone den Kalender aufgerufen hatte, fiel bei ihm der Groschen. Es war der 27. März 2016. Und damit war es auf den Tag genau 50 Jahre her, dass der Weltmeisterschafts-Pokal in London im Gebüsch gefunden worden war. Stallitzer sah wieder auf, und Wantrupp grinste wie ein kleiner Lausejunge.

„Herr Stallitzer, das verstehen Sie doch jetzt, oder? Es war einfach ein kleiner, diebischer Spaß, den ich mir erlaubt habe. Er hat mich Unmengen an Geld gekostet, aber das war es mir wert."

„Und Sie können damit leben, dass im Museum nun der falsche Bembler-Pokal steht?"

„Wissen Sie, ich kenne keinen, der den Pokal hätte besser fälschen können als Reibert. Er hat ja diese Silbermanufaktur, er hat all die Werkzeuge, die er braucht, um so etwas auch einigermaßen flott durchzuziehen. Niemand hat einen Schaden dadurch, dass da ein zweiter Pokal im Museum steht. Und ich habe einfach meine Freude daran, dass das Original hier steht. Vielleicht auch nur eine kleine, egoistische Manifestation dafür, dass man im Leben eben nicht mit allem durchkommt. Und auch Kurt Reibert hat es eine große Freude gemacht. Alle großen Pokale werden von seinem Erzkonkurrenten in Bremen gefertigt – der echte Champions-League-Pokal, der DFB-Pokal –

nie sind die Aufträge an ihn gegangen. Dabei muss er sich hinter den Bremern kein bisschen verstecken."

Wantrupp hob das Glas. „Auf Ihre hervorragende Arbeit."

Stallitzer hob das seine und konnte sich ein Grinsen nun seinerseits nicht verkneifen. Sie stießen an, und Stallitzer nahm einen kleinen Schluck des hervorragenden Tropfens.

„Wollen Sie mich immer noch bei der Polizei anzeigen?", wollte Wantrupp wissen.

Stallitzer schüttelte nur den Kopf. Er hatte vorgehabt, Ferdinand Wantrupp das Foto seines koksenden Sohnes zu zeigen. Aber der alte Herr war gerade in einer so freudig-melancholischen Stimmung, gleichzeitig sonnte er sich im Erfolg seines kleinen Coups. Diese Stimmung wollte er ihm nicht verderben. Vielleicht würde der Moment kommen, in dem er das Foto einsetzen konnte. Aber dieser Moment war definitiv nicht jetzt.

SONNTAG 8. MAI. ELFMETERSCHIESSEN (EPILOG)

Sie waren sogar schon gemeinsam in Urlaub gefahren. Venedig. 14 Tage, vor denen Paul Wagner mächtig Angst gehabt hatte. Würden sie sich wirklich verstehen? Würden sie über einen solchen Zeitraum gut miteinander auskommen, wenn sie 24 Stunden am Tag zusammen waren? Er selbst hatte daran keinen Zweifel, ihm war vielmehr Bange davor, dass Nikola es sich anders überlegen könnte.

Aber sie hatte es nicht getan.

Paul Wagner war nicht der durch und durch romantische Typ. Aber bei Nikola hatte er von Anfang an das Gefühl gehabt, vom ersten Moment an, von dem Moment an, als er sie im Café gesehen hatte, dass sie die Richtige für ihn war.

Er hatte in Venedig um ihre Hand angehalten. Und sie hatte Ja gesagt. Sicher, wer konnte sagen, ob es wirklich auf Dauer gutgehen würde? Aber er war 35, sie war 28, sie waren beide keine Kinder mehr. Er wollte es wagen, und Nikola wollte es ebenfalls wagen.

Sie wollten es natürlich auch Nikolas Vater sagen. Der hatte sie beide für diesen Sonntag zum späten Abendessen eingeladen. Nikola und er waren am Tag zuvor in Berlin gewesen, hatten live gesehen, wie der Schuss von Sandro Wagner die Lilien in der 83. Minute in Führung gebracht hatte. Und sie hatten gezittert und gebibbert, dass es ihrem Verein gelingen würde, diesen Vorsprung bis zum Abpfiff über die Zeit zu retten – und sich damit bereits am vorletzten Spieltag den Verbleib in der 1. Bundesliga zu sichern. Es war den Lilien gelungen.

Mit seinen Eltern hatte Paul schon gesprochen. Seine Mutter war den Tränen nahe gewesen, sein Vater hatte es nur zur Kenntnis genommen.

Paul hatte ein wenig Bammel, vor Nikolas Vater zu treten und ganz förmlich um ihre Hand anzuhalten. Doch Nikola hatte darauf bestanden.

Und nun stand er hier. Mit zitternden Knien, zitternden Händen, zitternder Stimme.

Nikola stand nur zwei Meter weit entfernt, und es fühlte sich für Paul an, als ob sie von einem anderen Planeten herunterblickte. Soeben hatte er die Frage ausgesprochen. Eigentlich erwartete er, jetzt erschossen zu werden.

Kurt Reibert nickte, lachte und drückte seinen Schwiegersohn in spe an die Brust. Erst da hatte Paul begriffen, dass Nikola schon vorher mit ihrem Vater gesprochen haben musste. Aber es war ihm egal. „Paul, mein Junge, ich habe immer gehofft, dass es Nikola einmal so gehen würde, wie es auch zwischen mir und ihrer Mutter gewesen ist." Er sprach jetzt zu ihm, als ob Nikola gar nicht selbst im Raum anwesend wäre. „Ich habe ihre Mutter, Gott hab sie selig, in einer Diskothek kennengelernt. Auch wenn man es heute kaum glaubt – ich habe damals Salsa getanzt. Sie auch. Und wir haben uns in dieser Disco gesehen, sind direkt aufeinander zugegangen, und bereits nach dem ersten Tanz war alles klar. Wir waren danach kaum mehr einen Tag voneinander getrennt."

Wagner schaute zur Seite, als er sah, dass sich in Kurt Reiberts Augen Tränen sammelten. Aber auch Nikola schien mit den Tränen zu kämpfen. Sie kam jetzt auf ihn zu, hakte sich bei ihm unter, drückte ihm einen Kuss auf die Wange.

„Hast du dich eigentlich nie gefragt, wieso ausgerechnet ihr den Pokal im Herrngarten entdeckt habt?"

Paul zuckte mit den Schultern. Natürlich hatte er sich das gefragt. Für eine Woche jeden Tag und jede Nacht. Und auch seine Verlobte – jetzt durfte er sie ja offiziell so nennen – hatte sich das gefragt. Gemeinsam hatten sie Theorien gesponnen und wieder verworfen und natürlich war Wagner auch nicht entgangen, dass das Datum exakt 50 Jahre nach dem Fund des Weltmeisterpokals lag. Wie auf Kommando wuselte nun Chihuahua *Fletcher* zwischen ihren Beinen herum.

„Na, dann werden wir dich jetzt mal offiziell in die Familie aufnehmen."

Paul wusste nicht, was Kurt Reibert damit meinte. Der ging den Flur entlang und dann ein Stockwerk hinab.

„Es gibt Räume in diesem Haus, die sind nicht für jedermann zugänglich. Ich habe mir die Freiheit genommen, ein kleines Herrenzimmer einzurichten, so nenne ich den Raum. Und wenn ich mal ein wenig abschalten will, dann ist dieser Raum mein Refugium."

Paul nickte nur und ging weiter hinter Kurt Reibert her. Nikola folgte ihnen. Paul drehte sich zu seiner Verlobten um. Die schien offensichtlich zu wissen, was sie nun erwartete. Aber sie gab ihm keinen Hinweis.

Kurt Reibert griff nach seinem Schlüsselbund, steckte einen Schlüssel in das Schloss einer Stahltür und öffnete sie.

Das Innere war in gemütliches Licht getaucht. Eine Ledergarnitur stellte den Mittelpunkt des Raumes dar, ein schweres, hölzernes Bücherregal verdeckte eine Wand, auch ein Kamin war im Zimmer installiert, wenn Paul sich auch nicht vorstellen konnte, dass er tatsächlich in Betrieb war. Wäre Paul einmal von Ferdinand Wantrupp in dessen Herrenzimmer eingeladen worden, so hätte er eine große Ähnlichkeit feststellen können.

Auf dem Couchtisch standen drei Weingläser. Und auf der Mitte der Tischplatte stand ein Pokal.

Wagner blieb fast die Spucke weg: Vor ihm stand der Bembler-Pokal, der doch aufgrund von Fletchers Spürnase im Lilien-Museum stand.

„Ich hoffe, du magst einen guten Schluck Rotwein", sagte Kurt Reibert.

Paul nickte nur.

„Ja, das ist der echte Bembler-Pokal", beantwortete Kurt Reibert die von Paul Wagner nicht gestellte Frage.

„Und was steht jetzt im Museum?"

Reibert grinste über beide Ohren. „Dort steht eine perfekte Fälschung."

„Das heißt, wir haben im Gebüsch nur eine Fälschung des Bembler-Pokals entdeckt?"

„Ja, dort lag auch nur eine Fälschung", antwortete Kurt Reibert.

„Auch??" Jetzt verstand Paul überhaupt nichts mehr.

„Vergiss es einfach, Paul. Ich habe eine Leidenschaft für schöne Dinge. Und wenn ich etwas nicht ausstehen kann, dann sind es Fälschungen. So perfekt sie auch sein mögen. Daher habe ich mir erlaubt, den Fälschungsauftrag meines Klienten – nun sagen wir mal, mit einer doppelten Fälschung zu quittieren."

„Sie können so etwas?"

Kurt Reibert spielte den Beleidigten. „Was für eine Frage. Unsere Silbermanufaktur besteht schon fünf Jahre länger als die in Bremen. Da hat man eine gewisse Erfahrung in solchen Dingen."

Reibert ging an den Tisch, goss aus dem Pokal den Wein in die Gläser – ein weiteres Indiz dafür, nein eigentlich schon ein

Beweis, dass Reibert auf dieses Treffen perfekt vorbereitet gewesen war. Er reichte seiner Tochter ein Glas, dann Paul, dann erhob er sein eigenes Glas und sagte: „Darauf, dass eure Ehe mindestens so glücklich wird, wie die meine war."

Sie stießen an, tranken.

Paul Wagner wusste nicht, wo und wie Kurt Reibert einen Knopf betätigt hatte, damit sich an einer Seite des Raumes die Wand zur Seite schob. Sie gab den Blick auf eine Glasvitrine frei, die die kompletten vier Meter der Wand verdeckte.

„Schau, Paul, dort rechts, da ist noch ein Platz für den Bembler-Pokal."

Paul stellte das Glas auf dem Tisch ab und war froh darüber, dass ihm das noch gelungen war. Denn er hätte es beim Anblick des Vitrineninhalts fast fallen lassen.

Er trat direkt davor.

Da standen sie und strahlten um die Wette. Der *Coupe Henri-Delaunay*, Pokal der Europameisterschaft, und der FIFA-WM-Pokal, und daneben der *Coupe Jules Rimet*, Siegestrophäe der Fußball-Weltmeisterschaften zwischen 1930 und 1970.

„Sind die – *echt?*"

„Du hast doch gerade gehört, was mein Vater von Fälschungen hält. Willkommen in der Familie Reibert", sagte Nikola und küsste Paul ganz ungeniert.

ZU GUTER LETZT (NACHWORT)

Dieses Nachwort schreibe ich am 14. Mai 2016, während vor dem Fenster die Fangesänge vom Karolinenplatz herüberschallen. Die Lilien haben den Klassenerhalt in der 1. Bundesliga geschafft! Zum allerersten Mal in der Vereinsgeschichte ist es dem Verein gelungen, sich länger als eine Saison in der 1. Bundesliga zu halten. Hier der bescheidene Applaus eines Menschen, der bereits im Alter von zehn Jahren eingesehen hat, dass seine Karriere niemals eine Fußballerkarriere sein wird ...

Vielleicht ist es an dieser Stelle sinnvoll, es explizit zu schreiben: Alle sportlichen Ereignisse, die in diesem Krimi erwähnt werden, sind historisch dokumentiert. Vom Freistoßspray über Bielefeld bis zum Torschuss aus 102 Metern Entfernung. Unsere Lilien haben einige Rekorde aufgestellt, auch wenn das gar nicht so bekannt ist ... Ach ja – und alles andere ist frei erfunden.

An dieser Stelle sind immer ein paar Dankesworte angebracht. So geht hier mein Dank an die Mannschaft der Lilien, ohne einzelne Namen nennen zu wollen. Denn das ist es, was die Lilien auszeichnet: Sie sind eine Mannschaft, die zusammenhält und in der jeder die Stärken des anderen unterstützt und die Schwächen des anderen ausbügelt. So hat dieser Verein, der zu Beginn der Saison 2015/16 nur als Abstiegskandidat gehandelt wurde, die Klasse erhalten, ohne auch nur einmal den Relegationsplatz touchiert zu haben. Respekt!

Um aber einen Krimi zu schreiben, braucht es weitere Helfer. Menschen, die mir ihr Fachwissen zur Verfügung gestellt haben, damit ich überhaupt einen seriös recherchierten Krimi schreiben konnte. Und auch diesen Menschen möchte ich hier danken:

Ganz oben auf meiner Liste steht der Fanbeauftragte des Vereins, Alexander Lehné, der mir immer mit Rat und Tat und Informationen zur Seite stand, oft auch sehr, sehr kurzfristig. Auch Ralf Panzer hat mir sehr geholfen, was die Geschichte des Traditionsvereins SV 98 anging – wenn es jemals tatsächlich ein Lilienmuseum geben sollte, dann wäre er wohl der passende Direktor. Weitere Menschen haben mich unterstützt, diesen Krimi glaubwürdig zu gestalten: Barbara Pregowski als angehende Ärztin hat mich in den Bereichen beraten, wo es nicht galt, Verletzungen zu heilen, sondern Verletzungen authentisch zu erfinden. Claudia Peetz-Lehn hat mich ebenfalls unterstützt. Dr. René Heinen vom Societäts-Verlag hat an dieses Projekt geglaubt. Auch ein dickes Dankeschön an Georg Simader, ohne den ich im Dschungel der Verlagswelt hoffnungslos verloren ginge. Dank auch an die Kleine Rebellin und an Manfred, die mir an einigen Stellen bei der Entwicklung des Plots geholfen haben, oft auch, ohne es zu wissen.

Und wenn die Geschichte dann geschrieben ist? Dann braucht es Menschen, die als Sparring-Partner den Text besser machen, als er vorher war. Nicole, Michael, Manfred, Hanne – dieser Dank geht an euch!

Michael Kibler

Zeitfracht Medien GmbH
Ferdinand-Jühlke-Straße 7
99095 Erfurt, Deutschland
produktsicherheit@kolibri360.de